ISBN : 2-7021-3229-4

Paroles de mineurs

PAR

ELISABETH FECHNER

Pour Maryse Bonnet,
Une histoire d'hommes
mais de femmes aussi
Amicalement
Elisabeth

calmann-lévy

EN DIRECT DU "12 de LENS"

Je me souviens. C'était en 1955. La télévision, en ce temps-là, programmait de grands reportages en direct qui racontaient la vie des Français. Celui-ci s'appelait "Le 12 de Lens" : c'était en direct[1], *un soir, la visite d'une mine de charbon au travail, le puits n° 12, à Lens.*
Ce fut une entreprise difficile. L'enthousiasme des équipes de télé et la maîtrise d'Igor Barrère, le réalisateur, en firent une réussite. Peu d'émissions, à l'époque, dégagèrent autant d'émotion. La caméra de télévision allait chercher les images au fond du puits. Les femmes de mineurs, pour la première fois, voyaient leurs maris au travail, elles qui ne descendent jamais.

Pour nous qui avions travaillé plusieurs semaines à la préparation de ce reportage, la rencontre chaleureuse avec les mineurs fut une grande révélation. Au demeurant, nous savions déjà que l'exploitation du sous-sol n'en avait plus pour longtemps.

Les spectateurs firent la connaissance de Far West, *le cheval qui tirait les berlines à 600 mètres sous terre et qui remontait, de temps en temps, prendre ses congés dans une prairie. L'homme qui s'occupait de lui le présenta et lui donna un bonbon : dans les jours qui suivirent, les enfants envoyèrent, de la France entière, des kilos de bonbons.*

Une image encore. Un matin, au point du jour, nous attendons une benne vide pour descendre au fond et répéter une séquence de l'émission. Un mineur de surface la roule vers nous. Un instant plus tôt, je l'ai vu écrire à la craie sur la paroi de la benne un message pour ceux du fond qui ont commencé au milieu de la nuit.

Il a écrit : Il fait beau.

Pierre TCHERNIA

Pierre Tchernia **a joué** ***dans une galerie du "12 de Lens" : c'était en avril 1955, un des premiers grands magazines en direct de la RTF. Un exploit, par 600 mètres de fond, pour une télévision encore balbutiante.***

1. Dans les années 50, la télévision balbutiante inaugure ses premiers reportages en direct. C'est d'abord le sport qui profite de l'innovation. Dès 1952, l'équipe du premier journal télévisé couvre les Six Jours cyclistes du Vél'd'Hiv'de Paris et la finale de la Coupe de France de football puis, deux ans plus tard, les Internationaux de

tennis de Roland-Garros et les 24 heures du Mans. En 1955, grâce à la mise en service d'émetteurs régionaux, Pierre Tchernia et Igor Barrère proposent "En direct", le premier magazine qui célèbre à une heure de grande écoute le journalisme roi. "Le 12 de Lens", par les difficultés techniques qu'il imposait, lumière et son notamment, fut un des fleurons de cette série.

CHAPITRE I

LES PREMIÈRES MINES ? DE SIMPLES CRATÈRES...

On le sait, l'histoire du charbon remonte à la nuit des temps, aux plus anciennes époques géologiques, quand la Terre se formait, quand d'immenses forêts couvraient le sol, quand l'atmosphère était saturée de vapeur d'eau et de gaz carbonique, quand les couches de tourbe, par dépôts successifs, étaient fortement comprimées, chauffées, distillées, minéralisées...

Les Grecs et les Romains connaissaient le charbon de pierre, minerai fossile signalé dans les textes mais qu'ils n'employaient guère, faute de savoir le brûler. Pour eux, l'énergie, c'était le bois pour se chauffer, le vent pour naviguer, les bêtes et les hommes pour tracter. En Chine, si l'on en croit Marco Polo, on s'en servait déjà pour la cuisson de la porcelaine. "Les mines de charbon sont fort répandues et barbares, simples chantiers souterrains soumis à des explosions inexplicables", rapportent quelques missionnaires.

En Europe, si la légende évoque une mine exploitée, au temps des Romains, dans la région de Lugdunum, aujourd'hui Lyon, c'est vers l'an 1000 que le charbon fait son apparition officielle, dans le Hainaut d'abord, autour de la ville de Mons, puis en Angleterre, quand Henri III concède aux bourgeois de Newcastle une licence d'exploitation pour le *carbo maris*, le charbon de mer, recueilli à proximité des plages. La chronologie devient, par la suite, plus précise. Au XIIe siècle, la raréfaction du bois provoque, en Europe, une première exploitation charbonnière, près de Liège et de Charleroi, en Belgique. On raconte qu'au même moment, un maréchal-ferrant de Plénevaux se mit empiriquement à brûler de la tourbe. Vrai ? Faux ? Il laissera du moins son nom dans l'Histoire. Il s'appelait... Houillos. À la fin du XIIIe siècle, il existe des mines au Pays de Galles et en Écosse.

En France, c'est à la même époque que l'emploi du charbon est pour la première fois signalé dans les textes officiels. Il s'agit encore du charbon de bois qui affleure près des forêts sous une mince couche végétale et que les paysans "récoltent" à la morte saison pour alimenter les forges locales. Dans le Midi, près d'Albi, on voit quelques laboureurs qui grattent les berges des rivières ou exploitent "des petits trous en suivant leur inclinaison". Pas question encore de creuser : ouvrir une mine est une tolérance féodale, à usage personnel, qui exclut en principe tout commerce. En 1295, toutefois, un document conservé aux archives du Tarn envisage des péages "charbonniers" pour traverser le pont d'Albi. Pour mener la houille à destination, on la

LIBER SEXTUS. 171

Descendens scalis in puteos A. *Insidens in bacillo* B. *Insidens in corio* C. *Descendens gradibus in saxo incisis* D.

Au XVIe siècle, les premières mines exploitées le sont près de Saint-Étienne, d'Albi et du Creusot, et ne dépassent pas 10 mètres de profondeur. Le pays reste essentiellement rural. "Récolter" le charbon est une tolérance féodale. L'utiliser comme combustible est déconseillé par la Sorbonne.

transporte, à dos de mulet, dans des sacs en osier. C'est l'époque où chaque propriétaire foncier a le droit d'exploiter le sol qui lui appartient. Toutefois, le charbonnier paye une redevance au seigneur. Côté utilisation, la Faculté de médecine déconseille fortement son emploi, la Sorbonne interdit son usage comme combustible. Il n'empêche, un médecin allemand qui signe Agricola publie *De Re Metallica*, la première encyclopédie illustrée à faire le point sur l'art des mines.

ON SE SIGNE AVANT DE DESCENDRE

C'est au XVIe siècle que l'Angleterre, encore elle, ouvre la voie à l'industrialisation. Après bien des péripéties qui induisent autant de progrès techniques, le charbon de Newcastle sert à chauffer Londres. Il faudra cependant encore un siècle pour que le Continent lui emboîte le pas et considère la houille comme un recours possible au bois, après quelques expériences pour "tirer du charbon", dès 1507, du côté du Creusot.

De fait, les premières mines françaises à être exploitées le sont à Rive-de-Gier, à côté de Saint-Étienne, à Sainte-Zacharie en Provence, puis bien plus tard en 1734, dans le Nord, à la fosse du Pavé d'Anzin, et en 1746 à Griesborn, en Sarre. Un règlement datant de Henri IV crée "un grand maître, surintendant général, réformateur des minières", et prévoit qu'un prêtre dira la messe à chaque descente. C'est que fouiller les entrailles de la terre a quelque chose de blasphématoire, en relation avec l'enfer. On se signe avant de descendre, on montre du doigt les premiers exploitants : une baronne bretonne, Martine de Beausoleil, qui parcourt son royaume pour en dresser l'inventaire géologique, est accusée de sorcellerie et jetée en prison par Richelieu.

En 1556, un médecin allemand qui signe "Agricola" publie De Re Metallica, *la première encyclopédie de la mine. Ses illustrations démontrent un système d'exploitation déjà très organisé à partir de poulies et de treuils en bois, de câbles en chanvre ou en aloès.*

Comme elles vont aux champs, les femmes vont au charbon. Comme elles séparent le bon grain de l'ivraie, elles trient le combustible. Le seigneur prélève une dîme mais l'utilisation reste locale. Le charbon alimente les forges et les verreries.

Les premiers chantiers s'apparentent à de simples carrières qui ne dépassent pas les 10 mètres de fond. Peut-on déjà parler de puits, quand il ne s'agit que de trous étayés sur une partie de leur hauteur par un cuvelage primitif ? Ces cratères permettent déjà, cependant, de mesurer les ennemis naturels de cette nouvelle activité, l'eau qui inonde, le feu qui ravage, les chantiers qu'envahit l'air chargé de poussière et de méthane. Les hommes ? Ce sont, essentiellement, des paysans qui trouvent avec le charbon revendu aux forgerons et aux cloutiers un revenu d'appoint. Mais la tolérance s'arrête là : ils

"C'était en 1769, le bois coûtait très cher à Paris… Quelques marchands eurent l'idée de faire venir des mines anglaises des chargements de charbon de pierre pour suppléer à la rareté du bois.
Le charbon que nous envoyaient les Anglais fut essayé par les gens du peuple, et même par les bonnes maisons, comme on disait alors, dans les poêles et les cheminées des antichambres. Ce fut bientôt un cri général. On accusa le pauvre fossile de vicier l'air, de ternir le linge jusque dans les armoires, de provoquer des maladies de poitrine, et d'altérer, crime impardonnable !, la fraîcheur des visages féminins.
L'Académie de médecine, l'Académie des sciences furent tour à tour chargées de donner leur avis sur ce grave débat, et se déclarèrent favorables au charbon britannique ; mais ce ne sont pas les académies, c'est le goût du public qui, en pareille occasion, prononce en dernier ressort."

LOUIS REYBAUD[2]

2. Le Fer et la Houille.

n'ont le droit de creuser ces embryons de mine qu'en dehors des périodes de travaux agricoles et avec l'assentiment du seigneur. En cas contraire, "celui-ci vint [...] accompagné de six cavaliers à la mine, maltraita deux ouvriers et prit et fit conduire un troisième, un nommé Pierre Cornus de Blaye, dans les prisons de son château, disant clairement que si quelqu'un osait travailler à cette mine, il l'en ferait repentir, ce qui intimida si fort tous les ouvriers, que le travail fut abandonné[3]".

À partir de là, l'histoire des mineurs proprement dits, s'écrit avec une lenteur quasi géologique. Ce n'est que progressivement que les "charbonniers de métier" font leur apparition au cours du siècle qui suit. On les voit peu à peu s'équiper, extraire la houille au moyen d'un "touret", petit treuil en bois actionné à bras d'homme et souvent de femme, de seaux pour écoper les eaux d'infiltration, et, pour transporter le charbon, de sacs en toile portés à même l'épaule. Exploitants ? Certes, ils écorchent le mur, sapent le charbon, le poussent, le halent, le transvasent, le hissent au sommet, le trient, le transportent, mais ils ne sont pas pour autant propriétaires. Le clergé et la noblesse, détenteurs des terres en surface, ont compris qu'ils pouvaient négocier leur sous-sol et se réserver des parts de production. Certains abusent même de leurs titres et privilèges et s'arrogent le droit exclusif du négoce, comme le fait le prince de Nassau-Sarrebruck en Lorraine. On est pourtant encore dans l'artisanat : on creuse au plus facile et au plus court, entre 80 et 100 mètres de profondeur ; on descend par des échelles ; on évite les nappes aquifères ; on abat à droite comme à gauche, selon la méthode dite de "l'éboulement" ; la pelle et le tonneau servent à mesurer les quantités ; on n'étaye pas ; on s'éclaire en brûlant de l'huile de noix ou d'olive ; un éboulement, une inondation, un incendie provoqué par l'oxydation du charbon, et on abandonne le puits... "L'année 1739, les pluyes et les eaux trop abondantes estant survenues, on fut obligé de cesser l'extraction et au moyen de trente-six ouvriers, pendant deux mois s'occupèrent de l'évacuation des eaux[4]", note à l'époque Marie de Ciron, riche propriétaire des mines de Candou et de Gardelieu, dans l'Hérault.

En 1744, sous le règne de Louis XV, l'exploitation prend forme. Après s'être avisé que le sous-sol lui appartenait, le monarque laisse au contrôleur général des Finances le soin d'attribuer, en son nom et officiellement, des concessions. La réforme fixe la forme du puits, la largeur et le boisage des galeries, et pour la première fois se préoccupe de la sécurité des mineurs : "Il faut, précise-t-elle, des outres de boue huilée dès quels [desquelles] chaque ouvrier se couvre à cause de l'eau abondante qui tombe et dans les puits et dans les galeries."

Les premières compagnies voient le jour. En 1752, le chevalier de Solages, associé à plusieurs autres notables, crée en Aquitaine les Mines de Carmaux, en réalité à cheval sur les communes de Blaye, Carmaux et Saint-Benoît. Pour l'exploitation, il fait appel à des ouvriers belges appelés à tort "les Flamands" qui importent en France les premières machines à molettes pour tirer le charbon et écoper l'eau. On convoie la houille dans des tombereaux, sur des charrettes, à dos de mulet et parfois d'homme, on la transborde sur des bateaux ; au cours du voyage, elle s'émiette, perd de sa

On descend à la corde, on s'éclaire à la bougie. Les accidents dus aux chutes sont nombreux quand on s'abîme dans le puisard, quand le câble rompt, quand des blocs de pierre se détachent du toit. Pour seule protection, le mineur n'a que son chapeau, sa "barrette", en cuir bouilli.

3. Mine de la Bartete, 1700, archives départementales de l'Hérault.
4. Archives départementales de l'Hérault.

valeur : la transporter coûte aussi cher que l'extraire. Résultat : le charbon carmausin atteint les ateliers et les teintureries de Castres, la ville de Toulouse, mais pas Bordeaux, où le minerai anglais, plus concurrentiel, arrive directement par mer.

UNE MER NOIRE SOUTERRAINE

Dans le Nord, la proximité de la Belgique, très charbonnière, laisse entrevoir de meilleures chances. Dès 1692, le duc d'Aumont, gouverneur de Boulogne, obtient du roi le privilège d'ouvrir et d'exploiter des mines. Mais contre toute attente, le bassin français, qui prolonge le bassin flamand, n'est pas dans son axe direct. Perplexité. Sondages. Quand on identifie enfin la veine, c'est au plus profond ; impossible de l'extraire, le duc d'Aumont en sera pour ses frais. Cinquante ans plus tard, lorsque le vicomte Jacques Désandrouin, un ex-officier de cavalerie, reprend le flambeau, c'est pour constater à son tour que s'il existe bien ici, à cheval sur la frontière, une véritable mer noire souterraine, il faudra du temps pour l'atteindre et pour l'exploiter. Ce n'est qu'en 1757 que Jacques Désandrouin crée la Compagnie des mines d'Anzin qui officialise dans le Hainaut français une exploitation primitive qui a commencé, en réalité, à Fresnes-sur-Escaut en 1720 par la découverte de la première veine, puis s'est concrétisée en 1734, avec la première *gaillette** extraite de la fosse du Pavé d'Anzin.

Dès lors, les carreaux prennent nom : Grosse Fosse, le Verger, Beaujardin, la Barrière… Les puits répondent aux définitions établies par la Royauté : section de 2 mètres, cuvelage en chêne, joints en étoupe de chanvre. La rentabilité est exceptionnelle, le travail des

ET LA LUMIÈRE FUT

Avant 1823, la chandelle est, dans la mine, le seul moyen d'éclairage. Quand l'ouvrier descend, il la porte au chapeau, quand il travaille, il la pique dans une anfractuosité de la roche. Puis la lampe dans sa forme la plus archaïque succède à la bougie. Progrès ? À peine. La flamme nue est un danger qui fait exploser les poches de grisou, sauf à la laisser brûler en permanence pour consumer le gaz au fur et à mesure de son émanation. Le procédé des lampes éternelles, astucieux au demeurant, fera long feu.

La première lampe de sécurité est inventée en 1815 par le Britannique Humphry Davy[5] et fabriquée en France dès 1818. Elle est munie d'un cylindre de gaze métallique qui protège la flamme. Le système, imparfait, est amélioré au cours des années : un manchon de cristal lui redonne toute sa clarté, remplacé ensuite par un double grillage tandis que la benzine relaie l'huile de colza. Le lumignon en bronze se porte alors à la hanche, maintenu par un anneau à la ceinture. En 1920, les lampes à essence sont progressivement remplacées par des lampes à accumulateurs ou à piles sèches. C'est un progrès quant à la sécurité. Problème ? Elles pèsent près de 2 kg. Les vieilles lampes à essence ? On continue à les utiliser comme détecteurs de grisou.

En 1948 apparaissent de nouvelles lampes, surnommées "atomiques" par les mineurs, en réalité simplement électriques. Il s'agit d'un éclairage, mains libres, lumière au chapeau, accumulateur à la taille. Détail ? En actionnant un interrupteur, le mineur peut désormais passer d'un système "plein phares" à un système "codes". On est loin de la bougie du départ, mais on ne fera pas mieux. Quand le mineur va au charbon, il est toujours à peu de choses près dans le noir.

5. *Humphry Davy (1778-1829), chimiste et physicien britannique, l'"inventeur" aussi de l'arc électrique et des propriétés catalytiques du platine.*

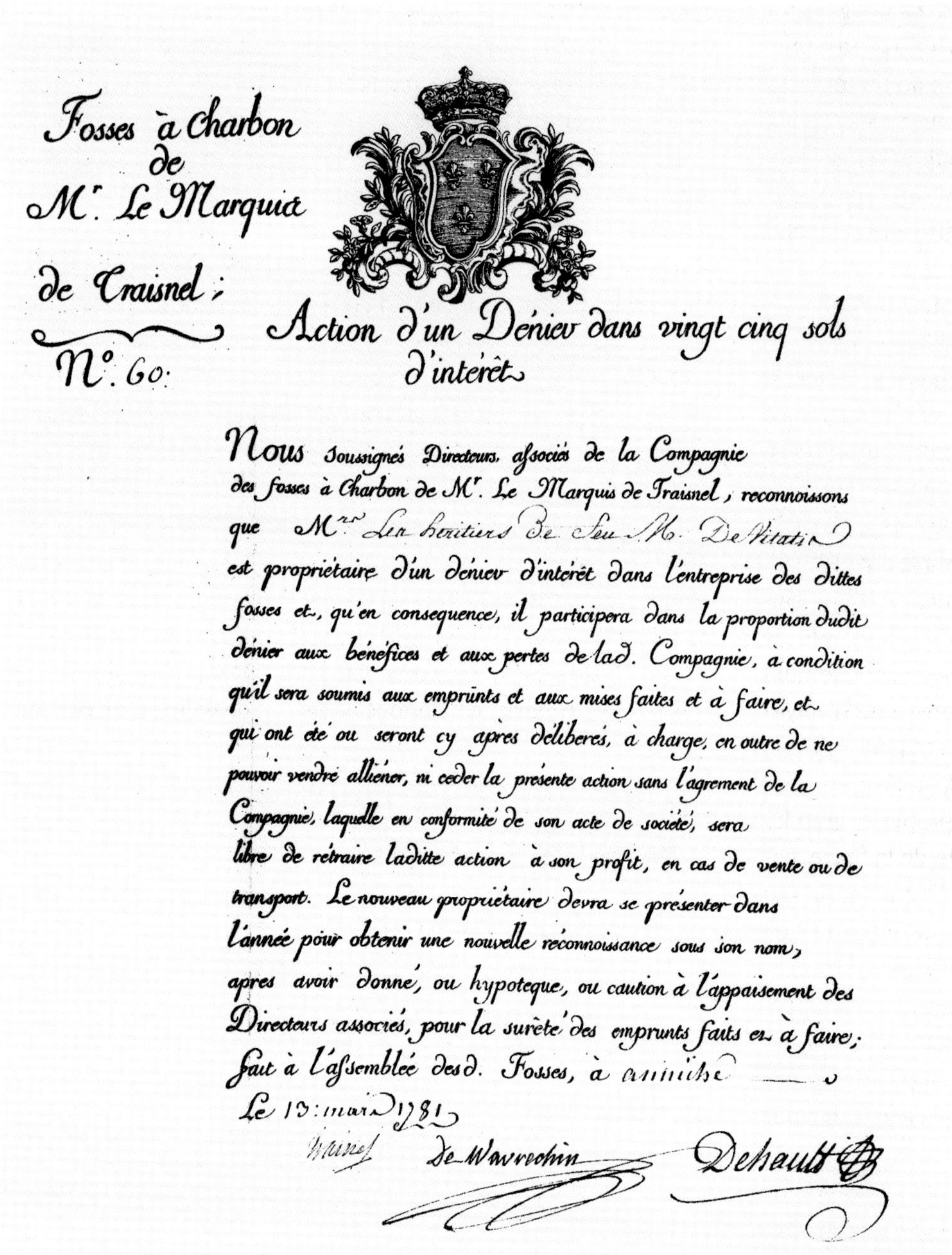

Fosses à Charbon
de
M.r Le Marquis
de Traisnel ;

N.° 60.

Action d'un Denier dans vingt cinq sols
d'interêt

Nous Soussignés Directeurs associés de la Compagnie des fosses à Charbon de M.r Le Marquis de Traisnel, reconnoissons que M.rs Les heritiers de feu M. De Vitatis est proprietaire d'un denier d'interêt dans l'entreprise des dittes fosses etc, qu'en consequence, il participera dans la proportion dudit denier aux benefices et aux pertes de lad. Compagnie, à condition qu'il sera soumis aux emprunts et aux mises faites et à faire, et qui ont été ou seront cy après deliberés, à charge, en outre de ne pouvoir vendre allièner, ni ceder la presente action sans l'agrement de la Compagnie, laquelle en conformité de son acte de société, sera libre de retraire laditte action à son profit, en cas de vente ou de transport. Le nouveau proprietaire devra se presenter dans l'année pour obtenir une nouvelle reconnoissance sous son nom, apres avoir donné, ou hypoteque, ou caution à l'appaisement des Directeurs associés, pour la sureté des emprunts faits et à faire ;
fait à l'assemblée desd. Fosses, à Anniche
Le 13 : mars 1781

De Wavrechin — Dehault

"Les anciens charbonniers du pays disent qu'ils ont entendu rapporter par leurs grands-pères qu'anciennement, on exploitait par de petits trous creusés à la tête des veines [...], que les charbonniers sortaient le charbon de ce trou avec des sacs qu'ils portaient sur leur dos, et que pendant fort longtemps, l'extraction a fourni à la contrée de Carmaux, sa consommation ne connaissant point d'autre débouché."

MATHIAS CHASSIGNET[6]

En 1815, le Congrès de Vienne redéfinit les frontières de la France, qui perd le bassin de la Sarre. Il faut sonder ailleurs. En Moselle, on délivre dès 1818 les premières concessions. Mais de fonçages en arrivées d'eau, le bassin lorrain ne verra officiellement le jour qu'un demi-siècle plus tard.

6. *Directeur des mines de Carmaux de 1787 à 1819.*

hommes harassant : dans ces galeries étroites qui ne dépassent pas 1 mètre de hauteur, un adulte ne peut accéder qu'en marchant sur les genoux ou à quatre pattes, toujours courbé ou accroupi, parfois contraint de se coucher sur le dos ou ventre à terre quand la faible épaisseur de la couche se conjugue à l'horizontalité du filon.

En Lorraine, la tradition minière qui concerne l'argent, le cuivre, le plomb, le fer, est depuis le XIIIe siècle aux mains des ducs et des grands feudataires. L'industrie du verre, qui bénéficie, dans la région, d'une solide réputation, est un gouffre de combustible qui justifie, à partir de 1759, l'ouverture d'une cinquantaine de puits dans le comté de Sarrebruck, exploités essentiellement par les moines de l'abbaye de Wadgassen. Des mineurs en soutane ? À vrai dire, l'industrie qu'ils initialisent leur échappe aussitôt, au profit des grandes familles. La proximité de la Sarre, pas encore annexée à la France, et de son expérience charbonnière permet de brûler les étapes. Dès son ouverture, la mine de Griesborn utilise les premières pompes à vapeur pour évacuer les eaux, ce qui ne l'empêchera pourtant pas d'être submergée et fermée quelques années plus tard.

L'eau, voilà bien dans l'Est le vrai problème que pose l'extraction. Partout, elle inonde les trous, provoque des éboulements, remonte en jets artésiens. On ne compte plus les sondages délaissés parce que la couverture de grès vosgien, très imbibée, est impossible à franchir, les fonçages qu'il faut abandonner parce que noyés après quelques semaines d'exploitation. En 1815, les alliés qui retracent les frontières de la France mettent hors limite le bassin de Sarrebruck et redistribuent les cartes. Il faut sonder encore, et ailleurs. Près d'un demi-siècle s'écoulera avant que Napoléon III annonce à la Chambre, en 1858, la découverte du bassin houiller de la Moselle.

Au début du XIXe siècle, donc, le paysage français minier est déjà, en principe, défini et distribué. On a sondé un peu partout et même, en vain, dans les endroits les plus insolites, à Paris, quartiers de Passy et de Grenelle, en bord de Seine près de Notre-Dame. On a évalué, souvent avec succès, les prolongements possibles des gisements déjà connus, en Artois dans la région d'Arras et de Monchy-le-Preux, dans le Gard à La Grand Combe, dans la Haute-Saône, à Ronchamps, en Saône-et-Loire au lieu-dit de La Mouille-Longe. Reste à compter avec le hasard qui, parfois, répartit les donnes et les fortunes. En 1813, en creusant aux environs de Sablé, dans la Sarthe, un simple puits artésien, les propriétaires remarquent parmi les remblais une terre noirâtre dont un spécimen est envoyé à la société des arts du Mans, qui le fait, à toutes fins utiles, brûler, sous les applaudissements des spectateurs : c'est du charbon, qui sera exploité cinq ans plus tard. En 1842, Mme Henriette De Clercq, qui habite Paris mais possède un château à Oignies, dans le Nord, veut y amener l'eau pour y planter des fleurs. Son ingénieur, Georges Mulot, fait un premier sondage, découvre une première nappe importante, persévère et rencontre à 400 mètres de profondeur du charbon. Le futur bassin houiller du Pas-de-Calais vient de naître, d'un parfum de roses.

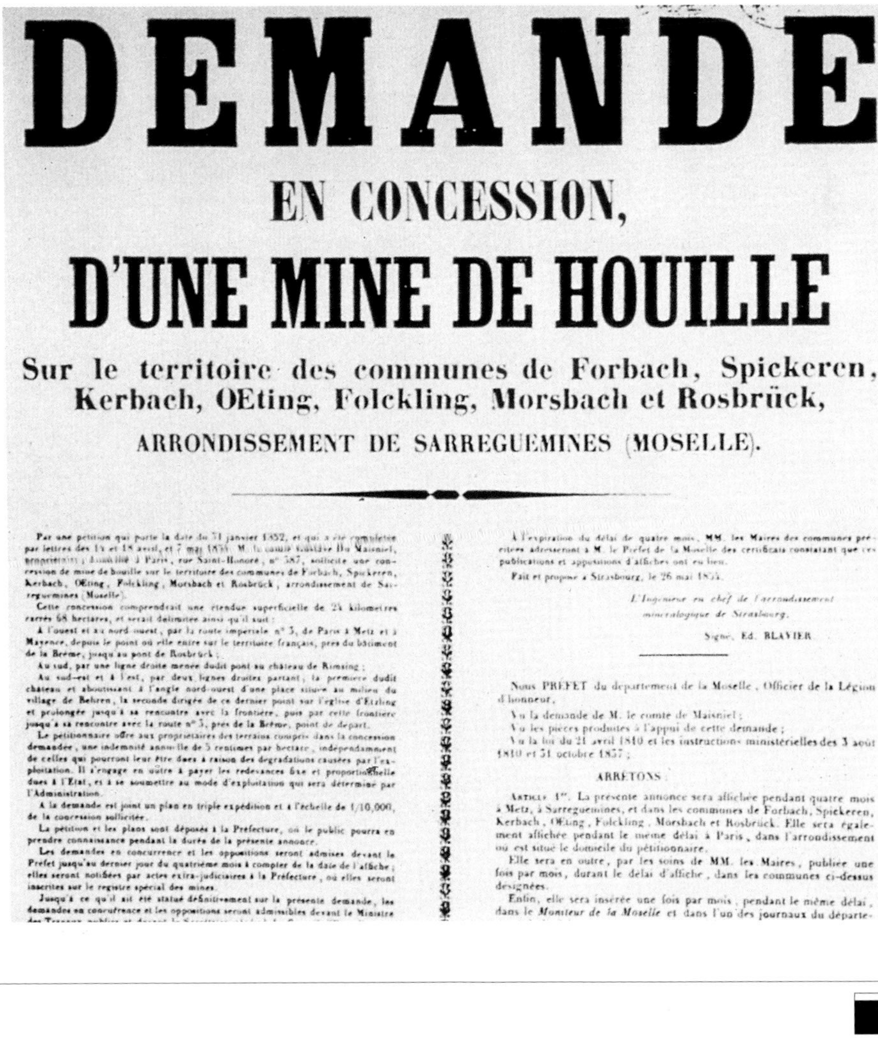
DEMANDE

EN CONCESSION,

D'UNE MINE DE HOUILLE

Sur le territoire des communes de Forbach, Spickeren, Kerbach, OEting, Folckling, Morsbach et Rosbrück,

ARRONDISSEMENT DE SARREGUEMINES (MOSELLE).

Par une pétition qui porte la date du 31 janvier 1852, et qui a été complétée par lettres des 15 et 18 avril, et 7 mai [illegible], M. le comte Gustave Du Maisniel, propriétaire, domicilié à Paris, rue Saint-Honoré, n° 387, sollicite une concession de mine de houille sur le territoire des communes de Forbach, Spickeren, Kerbach, OEting, Folckling, Morsbach et Rosbrück, arrondissement de Sarreguemines (Moselle).

Cette concession comprendrait une étendue superficielle de 24 kilomètres carrés 68 hectares, et serait délimitée ainsi qu'il suit :

A l'ouest et au nord-ouest, par la route impériale n° 3, de Paris à Metz et à Mayence, depuis le point où elle entre sur le territoire français, près du bâtiment de la Brême, jusqu'au pont de Rosbrück ;

Au sud, par une ligne droite menée dudit pont au château de Rimsing ;

Au sud-est et à l'est, par deux lignes droites partant, la première dudit château et aboutissant à l'angle nord-ouest d'une place située au milieu du village de Behren, la seconde dirigée de ce dernier point sur l'église d'Etzling et prolongée jusqu'à sa rencontre avec la frontière, puis par cette frontière jusqu'à sa rencontre avec la route n° 3, près de la Brême, point de départ.

Le pétitionnaire offre aux propriétaires des terrains compris dans la concession demandée, une indemnité annuelle de 5 centimes par hectare, indépendamment de celles qui pourront leur être dues à raison des dégradations causées par l'exploitation. Il s'engage en outre à payer les redevances fixe et proportionnelle dues à l'État, et à se soumettre au mode d'exploitation qui sera déterminé par l'Administration.

A la demande est joint un plan en triple expédition et à l'échelle de 1/10,000, de la concession sollicitée.

La pétition et les plans sont déposés à la Préfecture, où le public pourra en prendre connaissance pendant la durée de la présente annonce.

Les demandes en concurrence et les oppositions seront admises devant le Préfet jusqu'au dernier jour du quatrième mois à compter de la date de l'affiche ; elles seront notifiées par actes extra-judiciaires à la Préfecture, où elles seront inscrites sur le registre spécial des mines.

Jusqu'à ce qu'il ait été statué définitivement sur la présente demande, les demandes en concurrence et les oppositions seront admissibles devant le Ministre [illegible]

A l'expiration du délai de quatre mois, MM. les Maires des communes précitées adresseront à M. le Préfet de la Moselle des certificats constatant que ces publications et appositions d'affiches ont eu lieu.

Fait et proposé à Strasbourg, le 26 mai 185[illegible].

L'Ingénieur en chef de l'arrondissement minéralogique de Strasbourg,

Signé, Ed. BLAVIER.

Nous PRÉFET du département de la Moselle, Officier de la Légion d'honneur,

Vu la demande de M. le comte de Maisniel ;

Vu les pièces produites à l'appui de cette demande ;

Vu la loi du 21 avril 1810 et les instructions ministérielles des 3 août 1810 et 31 octobre 1837 ;

ARRÊTONS :

ARTICLE 1er. La présente annonce sera affichée pendant quatre mois à Metz, à Sarreguemines, et dans les communes de Forbach, Spickeren, Kerbach, OEting, Folckling, Morsbach et Rosbrück. Elle sera également affichée pendant le même délai à Paris, dans l'arrondissement où est situé le domicile du pétitionnaire.

Elle sera en outre, par les soins de MM. les Maires, publiée une fois par mois, durant le délai d'affiche, dans les communes ci-dessus désignées.

Enfin, elle sera insérée une fois par mois, pendant le même délai, dans le *Moniteur de la Moselle* et dans l'un des journaux du départe-

CHAPITRE II

LA MINE ? UN SYSTÈME COMPLEXE

Le charbon est devenu indispensable à la vie. Il allume les villes. Il alimente la métallurgie, les navires et désormais les chemins de fer, qui le lui rendent bien. Grâce au train qui désormais le transporte, le diamant noir a partout remplacé le bois. En 1865, la France en extrait 12 millions de tonnes. C'est insuffisant par rapport à sa consommation, c'est peu par rapport à l'Angleterre, la Prusse ou l'Amérique du Nord, mais la production française va doubler tous les quinze ans jusqu'à la fin du XIXe siècle. Voici venu le temps du capitalisme, des grandes compagnies et de la concurrence. Le charbon est son prophète.

À vrai dire, le progrès des installations est loin d'être uniforme. Au début du XIXe siècle, à Saint-Étienne, à Rive-de-Gier, certains puits fonctionnent encore à l'ancienne, avec des treuils en bois autour desquels s'entourent des câbles en chanvre. À Carmaux, les bennes reposent sur des patins, les cuves sont halées à la force humaine. À Aniche, dans le Nord, on charrie jusqu'en 1815 le charbon à dos d'homme : chaque ouvrier transporte ainsi par jour 262 *panniers**, l'équivalent d'une tonne et demie. Dans certains puits du Pas-de-Calais, on descend toujours à l'échelle : la durée moyenne est de vingt minutes pour atteindre 300 mètres. Mais à Denain, fosse Renard n° 2, que visite un peu plus tard Émile Zola, le puits est équipé depuis longtemps déjà de chevalements métalliques, et dans les galeries, la traction animale s'est partout généralisée.

C'est que du terrain, et pas seulement des capitaux et du progrès, dépend l'avancée technique. Dans le calcaire, on avance avec lenteur, mais on

Le "baritel" est la première machine d'extraction connue. Il s'agit d'un manège en bois autour duquel s'enroule un câble rond, semblable à celui utilisé dans la marine. Au départ, il est actionné par des hommes. Très vite, des chevaux, les yeux bandés, les remplacent.

avance. S'agit-il de schiste friable ? Il faut boiser, murailler pour résister à la poussée du sol et éviter les éboulis. Dans le grès, la roche émousse les outils, il faut en concevoir d'autres, comme le marteau à pointe. Ailleurs, pour abattre mieux et plus vite, on invente la *rivelaine**, sorte de pic en fer à deux branches, ou le "pic à terres", plus trapu et plus lourd. Rencontre-t-on de l'eau ? Alors, les difficultés augmentent, mais l'*exhaure** fait sans cesse des progrès. Parfois, comme c'est le cas en Basse-Loire, il arrive que la veine traverse le fleuve. Que faire ? S'inspirer de l'armature de 16 mètres de diamètre par laquelle on descend déjà sous la Tamise, inaugurer les toutes nouvelles pompes à vapeur qui remplacent les antiques *baritels**. Les années 1840-1860 sont, à ce titre, exemplaires. On généralise la technique du sondage au trépan, celle de la machine à vapeur pour la ventilation et l'exhaure, on installe des puits verticaux en bois puis en briques, des cuvelages imperméables constitués de plaques de fonte, des rails pour le roulage, des cages pour la descente qui permettent de transporter, progressivement, jusqu'à vingt ouvriers à la fois. Les puits sont surmontés d'un chevalement qui supporte les molettes, grandes poulies qui actionnent les câbles. La machine d'extraction, en elle-même, n'a pas changé, c'est un tambour, celui-là même que poussaient autrefois des femmes et des enfants, puis des chevaux aux yeux bandés.

UN PIC, UNE TORCHE, DU BOIS ET DE LA POUDRE

En l'espace de quelques décennies, les métiers de la houille vont ainsi, par le biais de l'outil, trouver leur identité et évoluer d'autant. On est loin du postulat de base qui se résumait au pic, à la torche, à la force musculaire et à l'ambidextrie qui permettait d'économiser ses forces et de travailler des deux mains, dans les deux sens. Mineur ? Cela va de soi, c'est celui qui fait parler la poudre pour "couper" le rocher, plus tard on l'appellera le *boutefeu**. Le coupeur est chargé d'établir des galeries. L'abatteur, ou piqueur, écorche le mur, sape le charbon à la base de la veine. Le boiseur intervient ensuite pour étayer le travail avec des morceaux de bois cylindriques. Doit-on relever la charpente, le *toit** ? C'est le travail du raucheur. Doit-on remplacer les bois cassés ? C'est celui du *raccomodeux**. Le remblayeur nivelle les galeries, le

Un tonneau – le "cuffat" – sert désormais à descendre les hommes, par groupes de six ou huit. Ça brinquebale dans tous les sens, les accidents sont nombreux, mais la descente qui, à pieds, prenait un quart d'heure pour 300 mètres de dénivellation, gagne en vitesse. Détail : on utilisait encore un cuffat, métallique cette fois, à Faulquemont, en 1932.

reculeur pousse le charbon jusqu'à la voie centrale ; le *herscheur** le hale dans des *esclittes**, petits traîneaux surmontés d'une cuve en bois, l'ancêtre du wagonnet. Puis c'est le rouleur, attelé par des bretelles, qui les charrie en force et verse le charbon à même le sol à l'*accrochage**, le local où celles-ci rejoignent le puits. Le chargeur le transvase alors, à la pelle, dans des tonneaux que le tourteur hisse au sommet. Le trieur sépare les gaillettes des morceaux plus friables. Le pénitent, qui emprunte son costume aux anciens condamnés à mort, c'est l'homme vêtu de cuir humidifié qui se glisse en rampant dans les galeries pour enflammer les gaz dangereux, une mèche allumée au bout d'un long bâton. Le *porion** sorti du rang, choisi en fonction de sa compétence et de son autorité, est selon les cas responsable d'une taille ou de plusieurs. Le chef porion, que l'on désigne dans le Pas-de-Calais sous le nom de "ch'mait" et dans le Midi sous celui de "gouverneur", c'est le contremaître. On l'appelle encore parfois chef de coupe ou chef de taille. L'ingénieur représente la compagnie.

Le "pénitent", c'est au départ un repris de justice qui, contre une remise de peine, consent à aller, dans les galeries, enflammer le grisou. Son nom ? Il le doit à son costume qui rappelle celui de certains ordres religieux. Victime sacrifiée d'avance, il est souvent emporté par l'explosion.

"Dans les galeries très étroites, et d'une hauteur qui ne dépasse pas 60 centimètres, le piqueur marche à col tordu. Obligé, pour l'entaillage, de se coucher sur le dos ou sur le flanc, il accroche sa lampe à la paroi et pique le charbon de côté, la tête appuyée sur une petite planche ou béquille courte. Quand le vide le permet, il travaille appuyé sur un genou, l'autre étendu, de manière à balancer le corps pour mieux assurer les coups. Accablé de chaleur, mouillé par l'eau, complètement nu, il halète, il souffre. Il n'existe pas de labeur plus dur, plus écrasant, plus répugnant ; et cependant les ouvriers qui en sont chargés tiennent à y rester ; ils se résignent à recommencer le lendemain ce qu'ils ont fait la veille au prix d'une souffrance physique réelle."

CAHIER DE DOLÉANCES DES MINEURS FRANÇAIS[7]

7. *Archives nationales*, 1883.

La mine s'organise. L'ingénieur et le "porion" sont nommés par la compagnie et la représentent. Le premier est responsable de l'abattage, le second des hommes. Le mot "porion" vient du mot "poireau", utilisé comme dans l'expression "faire le poireau". Traduisez : "le porion, c'est celui qui surveille".

Encore ne s'agit-il là que des métiers du fond, mais ils représentent la majorité des effectifs. En surface s'agitent les forgerons, les menuisiers, les charpentiers, les bourreliers, les palefreniers… Placés sous l'autorité d'un chef de carreau, ils réparent et entretiennent le matériel. Les maçons s'occupent du fonçage, du percement des nouveaux puits. Les machineurs manœuvrent les machines. Les *moulineurs** ont un statut à part : responsables de la sécurité des hommes et des cages, ils jouissent de la considération que leur confère leur fonction. Car, on l'aura compris, si le système est complexe, il est surtout hiérarchisé et solidaire. Qu'un seul rouage vienne à manquer, une défaillance, une inattention ici ou là, et c'est la paralysie.

Au pis, l'accident.

Au jour, c'est un autre monde. On déverse, on trie, on lave, on expédie le charbon grâce au tout nouveau chemin de fer dont se sont équipées les compagnies. Les rails et les wagons leur appartiennent. Le charbon, qui alimentait jusque-là les forges locales, sert désormais à chauffer les villes.

C'est ici à Anzin, dans le Valenciennois, que fut officiellement extrait le premier morceau de charbon français après dix-huit ans de travaux auxquels collaborent une centaine d'ouvriers et trois cents chevaux. Dès 1732, la compagnie d'Anzin, rendue célèbre par **Germinal**, *s'était équipée d'une machine à vapeur pour pallier les arrivées d'eau.*

LES TEMPS MODERNES

"Les ouvriers n'ont d'autre science que la pratique de chaque jour, mais quel profit ils en tirent pour se guider et se préserver [...] Ce n'est plus l'art de l'ingénieur, c'est l'art du manœuvre qui s'identifie avec sa besogne au point de donner des leçons aux plus experts[8]", écrivait Louis Reybaud en 1874.

Un siècle plus tard, le charbon abattu remonte à la surface sans jamais rencontrer la main de l'homme. Ce sont désormais des locomotives qui, à 600 mètres sous terre, le transportent à 30 kilomètres/heure dans les 6 000 kilomètres de galeries françaises, d'énormes haveuses électriques qui l'abattent à raison de 10 000 tonnes par jour dans des chantiers qui avoisinent les 4 mètres sous plafond, de gigantesques bennes qui le remontent à la surface ; plus de remblayage, le foudroyage, c'est-à-dire un effondrement contrôlé, l'a remplacé ; plus de boisage non plus mais un soutènement métallique et hydraulique qui avance de lui-même au fur et à mesure de l'ouvrage, et, pour remonter le charbon, des convoyeurs à chaîne qui le transportent vers des *skips**, sortes de monte-charge continus.

Et les hommes dans tout ça ? Difficile à croire, mais leur rituel n'a presque pas changé. Plus d'échelle, bien sûr, c'est une cage qui les descend désormais jusqu'à 1 200 mètres sous terre, à raison de 8 mètres par seconde, mais, quand elle s'arrête d'un à-coup, comme le ferait un simple ascenseur trop rapide, le cœur malgré tout se soulève. Au fond, dans les galeries, c'est toujours cette même odeur de moisi, l'air pollué par le gaz carbonique et maintenant les diesels, la poussière qui pique les yeux et un incroyable tintamarre, plus de pics, plus de pioches, mais le fracas des marteaux piqueurs, des machines et de l'explosif. Dans les chantiers d'abattage du Nord-Pas-de-Calais, aujourd'hui fermés, comment faire autrement, il fallait encore, dans les années 80, se glisser comme autrefois pour arriver jusqu'à la veine et s'arc-bouter, pieds en avant, dos au sol, pour ne pas être entraîné par la pente. Dans le bassin de Lorraine, c'est l'humidité qui représente aujourd'hui la principale nuisance, parce qu'on injecte désormais de l'eau dans le rocher pour neutraliser les poussières. De deux maux, il a fallu choisir le moindre.

Le danger ? "Il est toujours là", disent les mineurs On a construit des machines, on a simplifié le travail, on a remplacé le tout bois par le tout métallique, et l'électricité alimente jusqu'aux lampes que les ouvriers portent désormais au chapeau, accus à la ceinture. On a réduit l'effort physique, on a traqué les pannes, on a mis en place des détecteurs pour surveiller l'atmosphère du fond, on a prévenu les défaillances des machines et des hommes, mais la nature est toujours là, violente, quand elle se déchaîne. Les venues d'eau ? À Folschviller, en 1955, elles soulèvent les convoyeurs blindés, font coulisser les étançons métalliques et s'effondrer le toit. Le feu ? En août 1956, à Merlebach, il ravage les installations, malgré les détecteurs et les portes étanches. Le grisou ? Il se moque bien des grisoumètres quand, le 29 mai 1959, il anéantit toute une équipe de vingt-six mineurs à Sainte-Fontaine. Le gaz carbonique ? Il n'a en l'état aucune incidence sur la santé, mais sa présence rend l'effort pénible quand son taux dépasse un certain seuil. L'oxyde de carbone et les gaz nitreux des fumées de tir à l'explosif ? Ils peuvent, c'est un fait, provoquer des malaises, s'ils sont mal contrôlés. Et l'on parle aujourd'hui d'une autre maladie provoquée, dans certaines cokeries, par l'inhalation de particules d'amiante.

Le progrès ? Depuis les années 50, il a de fait surtout servi à développer la sécurité dans la mine. Mais un des derniers ouvriers lorrains le résume, à sa façon : "On n'a même plus le temps de prendre un pot ensemble. Autrefois, la pause, c'était l'occasion de discuter entre nous, de se connaître. À la surface, on ne se rend pas compte. On croit que maintenant, il suffit d'appuyer sur un bouton pour que le travail se fasse. Mais le *stoss**, l'abattage du charbon, ça reste dangereux exactement comme avant. La mine, faut la renifler. Avoir l'instinct. C'est plus important que tout ce qu'on nous apprend au lycée professionnel. Les machines ? Moi, j'veux bien, mais le coup d'œil, y'a rien de tel contre les coups durs."

8. Le Fer et la Houille.

LE MAL-AIMÉ DE LA MINE

Pour le grand public, à travers notamment l'image qu'en a donné *Germinal*, le porion, c'est le garde-chiourme, le suppôt du capitalisme, le briseur de grève, le tortionnaire qui, sans état d'âme, donne le coup de grâce quand il faut augmenter les cadences pour produire, encore produire…

C'est dans les années 1870-1880 que ces chefs de chantiers, qui incarnent l'autorité de la compagnie, font leur apparition dans la mine. L'essor industriel exige une organisation générale du travail et une stricte observation des règlements qui sont, à l'époque, le seul vrai rempart contre les accidents. On ne devient pas porion du jour au lendemain, on commence *galibot**, on gravit petit à petit la hiérarchie, avec une parfaite maîtrise de tous les métiers et de tous les postes, du roulage au boisage pour finir à l'*abattage**. Comme les autres mineurs, le porion est un ouvrier du "fond", en principe et souvent le plus compétent d'entre tous. "Il y en a certains, dit un ancien mineur, qu'on aurait suivis les yeux fermés. Avec ceux-là, il ne pouvait rien nous arriver."

À la fin du XIXe siècle, ce qui crée l'image contestée des porions, c'est qu'ils reçoivent des primes d'efficacité et surtout qu'ils peuvent, sur leur seule bonne foi, infliger des amendes, des mises à pied, voire des exclusions. Leurs sanctions, inscrites à l'encre rouge sur le carnet du mineur, ne sont pas un simple opprobre mais conditionnent l'avenir professionnel du contrevenant. Difficile, en effet, quand on est débarqué d'un puits, de se faire engager dans un autre. À la décharge du porion, il est d'abord garant de la sécurité de tous et, à ce titre, sanctionne d'abord toute manœuvre qui la met en péril.

Le porion est-il vénal ? Dans le nord de la France, la formule consacrée "offrir un lapin au porion" peut le laisser imaginer. La lecture de quelques pages du registre de l'année 1862 de la Compagnie d'Anzin renseigne, quant à elle, sur l'importance des délits et la ligne blanche à ne pas franchir par le mineur. Jugez plutôt : "Renvoyé pour avoir accepté de l'argent des voituriers. Renvoyé pour coalition. Insubordination. Renvoyé pour s'être trompé dans son compte. Renvoyé pour vol de poudre. De charbon. D'huile. De bois. Renvoyé pour avoir refusé d'aller à la taille. Pour avoir fait partir un convoi sans accrocher. Pour n'avoir pas fait son devoir à l'incendie supérieur. Pour avoir laissé tomber son amorce. Pour avoir chargé son wagon avec des remblais. Renvoyé pour paresse. Pour s'être endormi. Pour s'être enivré au fond. Pour absentéisme Pour insultes. Pour coups. Mauvais ouvrier. Mauvais sujet. Mauvais esprit. Fainéant. Violent. Coureur. Instable."

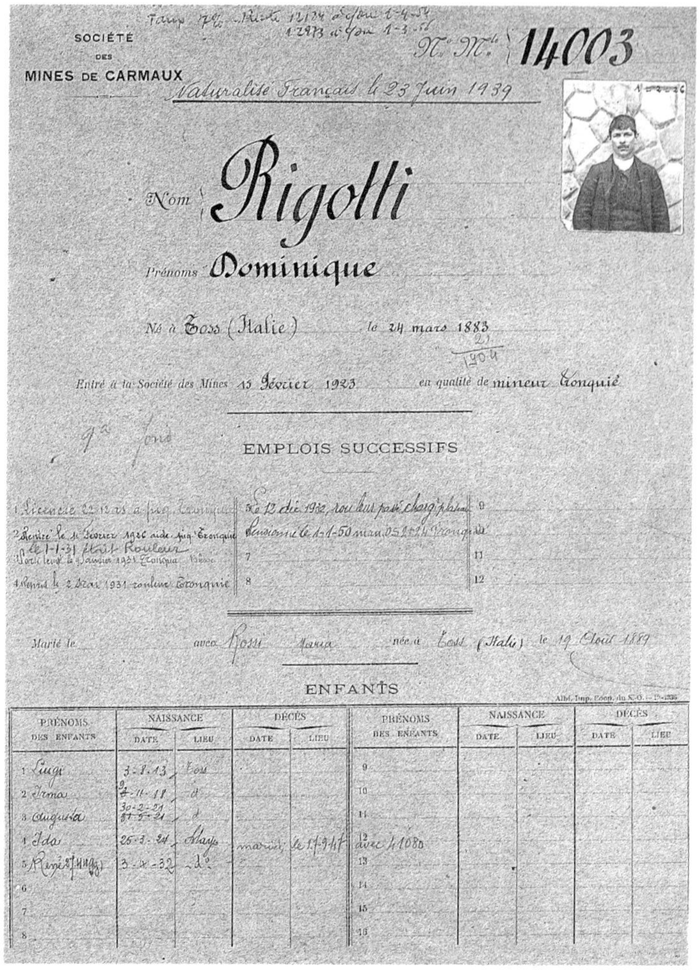

C'est à la plume, sur le carnet de l'ouvrier, que le chef porion note les sanctions et les amendes qu'il lui inflige. Les mises à pied et les avertissements concernent essentiellement des négligences dans le travail : "A fait partir deux wagonnets sans accrocher. A occasionné un éboulement. N'a pas mis la pièce de sûreté devant un convoi."

Dans les petites couches, dont certaines font à peine 40 centimètres de hauteur, le mineur est obligé de se coucher sur le flanc pour abattre le charbon. Cette position incommode a gardé dans le langage minier un nom : le travail à "col tordu".

- Promotions - [illegible] Savoir [illegible] faible Dominique -

Tronquié - 1 octobre 1944. Manœuvre inf. 6 C. Convention
1 août 1945. Manœuvre inf 6 a - barème
1 Décbre 1945 Passé Manœuvre lourd 5a.
d° 20 Janvier 1946 Manœuvre - OS 2 - Barème
Tronquié - Manœuvre Surf. - 2 C - 1-7-46 - Barème.

OBSE[...] de / A[...]UX [...] DE [...]tions (suite) -

6 Juillet 1925 Tronquié | Un jour à pied. N'a pas laissé le boisage en règle.

5 Octobre 1925 Tronquié | Huit jours au remblai. N'a pas gagné la journée (2e fois).

21 Décembre 1925 Tronquié | Licencié. Après avoir demandé le plan pour monter a sonné pour faire partir pendant qu'on montait dans le plan.
A fait partir 3 wagons sans accrocher, a occasionné un éboulement dans le plan et détérioré 2 wagons.

27 Sept. 1926 Tronquié | Deux francs d'amende et faire redoubler ses frais. N'a pas redoublé un cadre malgré l'ordre donné.

17 Janvier 1927 (Tronquié) | Un jour à pied. N'a pas gagné la journée (3e fois).

31 Janvier 1927 (Tronquié) | Quinze jours au remblai. N'a pas gagné la journée (4e fois).

28 Février 1927 Tronquié | Un jour à pied. Malgré la recommandation fait à culbuter 2 wag. de schistification destinés au traçage.

21 Mars 1927 (Tronquié) | Un jour à pied. Laisse le boisage en retard.

2 Mai 1927 (Tronquié) | Un jour à pied - Malgré les observations du porion ne tient pas son chantier en état (cadres mal placés).

23 Mai 1927 (Tronquié) | Deux jours à pied - N'a pas mis le taquet de sûreté - Défaut de boisage.

30 Mai 1927 Tronquié | Huit jours au remblai. N'a pas gagné la journée (2 fois).

4 Juillet 1927 Tronquié | Un jour à pied. N'a pas mis la pièce de sûreté devant un convoi dans un plan.

26 Septembre 1927 (Tronquié) | Huit jours au plateau. N'a pas gagné la journée (2 fois).

24 Octobre 1927 Tronquié | Un jour à pied. Travail insuffisant.

26 Mars 1928 Tronquié | Avertissement - N'a pas gagné la journée 1re fois.

30 Mai 1928 Tronquié | Avertissement - N'a pas gagné la journée.

11 Février 1929 Tronquié | Avertissement - N'a pas gagné la journée 1 fois.

15 Avril 1929 Tronquié | Avertissement - N'a pas gagné la journée.

27 Mai 1929 Tronquié | Avertissement - N'a pas gagné la journée

CHAPITRE III

ILS SONT LÀ, COMME À UN COMBAT

Le pays noir remplace, ici et là, le monde rural. Au départ, le paysan se rend à la mine quand les travaux agricoles ne l'accaparent pas. À Saint-Étienne, les montagnards se louent pour l'hiver ; dans le Nord, les premières compagnies enregistrent un fort absentéisme au moment des moissons ; dans l'Albigeois, le conseil d'administration rapporte que “la bonne récolte a paralysé le mouvement qui poussait les ouvriers cultivateurs vers les travaux des mines ; à Carmaux, la compagnie constate que si 85 p. 100 des ouvriers sont originaires de localités situées à moins de 20 kilomètres des puits, toutes les années, à la même époque, le nombre des ouvriers diminue sensiblement, à cause des moissons”.

C'est que ce mineur à temps partiel est d'abord un petit cultivateur, sans biens fonciers, un fermier, un métayer, un journalier que la pauvreté contraint à aller au charbon. Les champs

Les premières cages font leur apparition en 1850. Mais rares sont les mines équipées de cet "ascenseur" qui permet de descendre jusqu'à vingt mineurs à la fois. Au départ, l'ouvrier s'en méfie. On n'a pas encore inventé le "parachute", qui permet de freiner les chutes. Un siècle plus tard, les cages transporteront jusqu'à cinq mille "passagers" par jour.

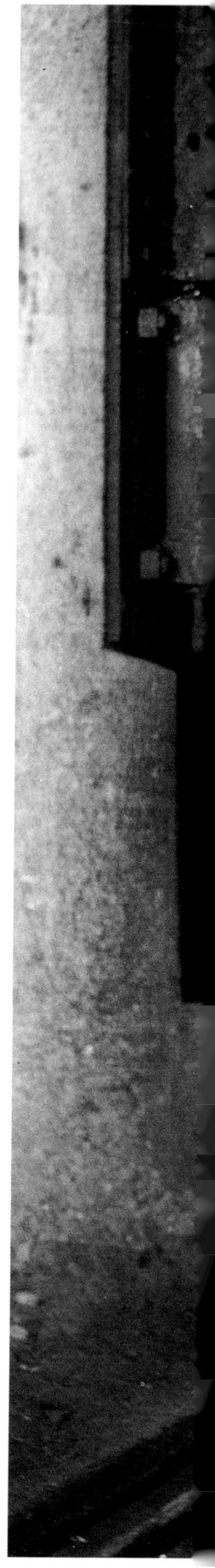

Une mine, en 1875, c'est encore un système rudimentaire, bien que déjà très organisé : des baraquements, un chevalement en bois, des échelles pour accéder aux machines d'extraction, une cheminée pour l'aérage et déjà des rails pour transporter le charbon. Autour : la campagne.

donnent l'essentiel, le salaire fait l'appoint. Sorti des galeries, l'ouvrier redevient un paysan, réfractaire aux horaires, aux efforts prolongés, à la hiérarchie, à la discipline, attaché à son indépendance, à son terroir et à ses traditions. "Il est difficile de faire une bonne journée le lundi, les jours de foire et les lendemains de fête, note en 1828 le responsable de la mine d'Aubin, dans l'Aveyron, les rouleurs, les gens du pays, malgré les amendes qu'on leur inflige, ne peuvent résister aux anciennes habitudes. Le vin est, d'ailleurs, à trop bas prix pour qu'on puisse les empêcher de se griser souvent."

Il faudra que les compagnies exigent de leurs ouvriers l'engagement écrit de travailler à la mine de façon continue, pour obtenir une véritable assiduité. Il faudra brandir et exécuter l'appel à une main-d'œuvre étrangère ou délocalisée, Piémontais, Espagnols, Bretons dans le Midi, Belges et Prussiens dans le Nord. Il faudra taper du poing sur la table et multiplier les exigences à l'embauche, certificats de bonne santé et de bonnes mœurs, pour que le paysan mineur accepte de devenir un ouvrier

Créées en 1851, les mines de Nœux sont d'emblée parmi les plus modernes de France, avec un diamètre de puits de 4 mètres au lieu de 3 mètres, des machines d'extraction à deux cylindres, des ventilateurs, et des cages. L'air comprimé y fait son apparition en 1870. À la même époque, la compagnie possède deux écoles, une église, une coopérative et une caisse de secours.

Le "boiseur" doit veiller au respect de la règle n° 1 du "fond" : ne pas avancer de plus de 1 mètre sans boiser. Pour étayer, il emploie de préférence des résineux qui "parlent", autrement dit qui craquent avant de rompre. Aujourd'hui, dans les mines modernes, les rondins de bois ont été remplacés par des étançons métalliques qui avancent automatiquement au fur et à mesure de l'abattage. C'est le "soutènement marchant".

spécialisé. "Après l'ardeur que, tout naturellement, ils ont mise à cultiver leurs propriétés, ils viennent à la mine, soit harassés déjà par ce premier travail, soit privés du sommeil nécessaire. Ils se trouvent dans des conditions telles qu'on ne peut attendre d'eux un utile travail", note un ingénieur des mines de Carmaux, en 1867.

MINEUR ET FILS DE MINEUR

Une génération plus tard, être fils de mineur, c'est à coup sûr devenir mineur à son tour. C'est qu'entre-temps, plusieurs crises économiques ont secoué le pays. La guerre de 1870 et le grand marasme de 1875 ont fait le reste. Le paysan en sort dans un état proche de la famine. La mine, c'est certes un pis-aller, mais qui offre un double intérêt : un revenu plus élevé et la sécurité de l'emploi. Les conditions de travail ? Elles sont pénibles, dangereuses et encadrées par des contremaîtres qui peuvent infliger amendes et sanctions, mais aller au charbon, c'est l'assurance de gagner son pain à la sueur de son front, à la force de ses muscles, à l'énergie du désespoir. On entre dans la mine comme on entre dans l'arène. Terrorisé, mais avec un incontestable sentiment de fierté.

Billy-Montigny, 4 h 30 du matin. Le dos courbé, les bras croisés sous les aisselles pour mieux se réchauffer, les sabots remplis de paille qui résonnent sur le sol glacé ; sur la tête, le *béguin** recouvert de la *barrette** en cuir ; le casse-croûte, le *briquet**, enfoncé dans le *jupon**, cette grande blouse de toile maintenue à la taille par un lien en cuir ; le *boutlot**, la gourde remplie de

L'abattage ? Dans les premières mines, il se fait au pic selon la technique de l'"éboulement", au cours de laquelle le mineur provoque la chute du charbon au-dessus de sa tête, au risque d'être écrasé. Vint ensuite la méthode dite "au remblai", qui consistait à combler soigneusement par des pierres ou du sable les vides qu'occupait le charbon. Aujourd'hui, l'abattage se fait à la haveuse.

chicorée et pendue au ceinturon, une vieille capote par-dessus, une lampe à pétrole à la main, c'est tout un peuple qui se rend à la mine.

Sur le chemin, on plaisante, on se regroupe, parfois on chante. On est parents, père et fils, comme les Boulogne, prénom Modeste tous les deux, Modeste père, trente-quatre ans, et Modeste fils, douze ans, recrutés ensemble en cette année 1851 par la Compagnie d'Aniche. On est frères, cousins, voisins, amis, frappeur ou *restapleur**, nettoyeur de chariot ou chauffeur, garçon ou fille, ramasseuse ou trieuse de cailloux, manœuvre ou journalier. On vient parfois de loin, une heure ou deux à pieds, comme Honoré Bouvel, quarante et un ans, qui arrive de Mastaing, près de Denain, ou Baptiste Dubruille, trente ans, qui s'est levé à 2 heures du matin pour parcourir dans

Le "boutefeu", le "schiessmann" en Lorraine, c'est l'homme qui manie les explosifs et introduit des charges amorcées dans des trous préalablement forés par le piqueur. Il s'agit d'un mineur expérimenté et scrupuleux. De son travail dépendent la vie et la sécurité de tous ses camarades. Si le matériel a évolué, la tâche quant à elle reste toujours dangereuse.

DYNAMITE
MATIÈRE EXPLO

Lampe à la main ou à la ceinture, pic à l'épaule ; sur la tête, le "béguin", c'est-à-dire une coiffe en coton, par dessus la "barrette", c'est-à-dire un chapeau en cuir bouilli, voici la tenue du mineur au début du XXe siècle. À l'extérieur du puits, il porte une capote en toile et des galoches. Au fond, en raison de la chaleur et des flaques d'eau, il travaille la plupart du temps torse et pieds nus.

la nuit et le froid les 30 kilomètres qui séparent Valenciennes, où il habite, du carreau où il travaille. Une halte à l'estaminet, un petit café arrosé de genièvre, "la bistouille", une dernière pipe… Il est 5 heures. La mine s'éveille.

L'homme arrive sur le puits. Il prend ses outils. Reçoit sa lampe astiquée et numérotée, une de ces lampes de sécurité que l'on va allumer en sa présence et qu'il devra officiellement accepter avant qu'on ne la verrouille devant lui. Deux jetons métalliques sont là pour attester de son arrivée et de son départ, de sa descente et de sa remonte. Quelques minutes de retard, et c'est l'amende ou la mise à pied. Mais cette pointeuse avant l'heure, on s'en apercevra, sert aussi, en cas d'accident, à identifier avec certitude les rescapés des victimes restées au fond.

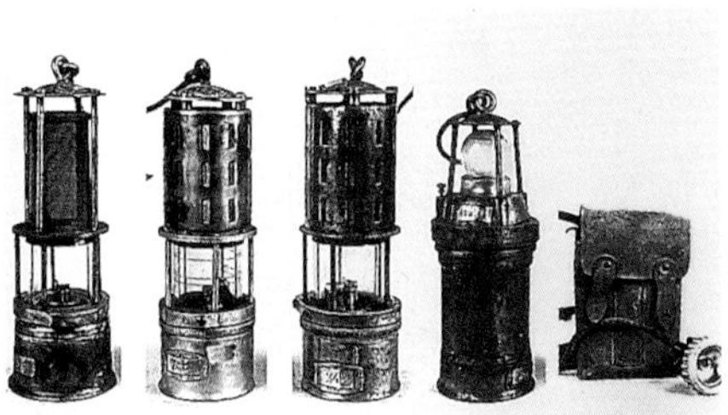

Elles font aujourd'hui l'objet de ventes aux enchères. Les collectionneurs s'arrachent les anciennes lampes de mineur. De gauche à droite, cinq lampes utilisées durant les années 20-30 en France : une lampe acétylène à flamme protégée, une lampe à benzine, blocage de cuirasse par barreau, une lampe à huile type Marsault, une lampe à huile acier et laiton type DS, une lampe à acétylène, avec prise pour casque. En gros plan : une lampe type Arras, laiton et acier.

AU FOND, IL FAIT 40 °C. DEHORS, IL GÈLE

L'ouvrier attend maintenant son tour pour descendre. Autrefois, il gagnait le fond, debout sur un *cuffat**, un tonneau en chêne suspendu à un gros cordage, actionné par des chevaux. Ça brinquebalait à droite comme à gauche, ça frottait contre les parois. Parfois, ça se détachait, parfois, ça se disloquait. Depuis 1850, il emprunte des échelles métalliques ou la "cage", suspendue par un câble en chanvre qui le dépose à 500 mètres sous terre, par une chaleur accablante. Ici, la température augmente au fur et à mesure que l'on descend. Au fond, on frôle les 40 °C. Dehors, il gèle.

Avant d'entrer dans la mine, véritable ville souterraine sombre et humide, où l'eau ruisselle goutte à goutte, certains se signent, et d'autres pas. Des galeries étroites s'enchevêtrent, des berlines vides remplacent des berlines pleines, des mulets ou des chevaux castrés, muscles tendus, pataugent dans les flaques et traînent derrière eux de longs convois de wagonnets. À leur passage, il faut se tapir, s'accrocher à la paroi, les éviter. Le bruit des machines, des pics et des massues est assourdissant. Ici, c'est celui du marteau à levier qui scande les opérations, un coup pour arrêter, deux pour descendre, trois pour monter, là le déroulement lancinant des molettes et des câbles et le battement des pompes à feux qui battent les eaux pour les extraire. Ailleurs, c'est l'explosion de la dynamite qui attaque la veine et retentit de galerie en galerie, le bruit sourd du charbon qui se détache. Et encore, voilà une sonnerie, celle du moulineur qui dirige la manœuvre, un cri, c'est le porion qui hurle ses ordres dans un porte-voix. Tout grince, gronde, résonne. Dans ce tumulte, des araignées tissent leur toile, des rats se carapatent et l'odeur du champignon se mêle à celle du *puteux**, ce gaz nauséabond à l'odeur d'œuf pourri contre lequel l'ouvrier a, d'emblée, trouvé une parade : pisser dans son béguin et l'utiliser comme cache-nez.

Arrivé devant sa galerie, le mineur fixe sa lampe à un clou, relève son-

> *"D'abord, on suivait une galerie creusée dans le roc, et après avoir marché pendant dix minutes, on trouvait un escalier droit et rapide ; puis, au bas de cet escalier, une échelle de bois, puis un autre escalier, puis une autre échelle, et alors on arrivait au premier niveau, à une profondeur de 50 mètres. Pour atteindre le second niveau, à 90 mètres, et le troisième à 200 mètres, c'était le même système d'échelles et d'escaliers…"*
>
> HECTOR MALOT[9]

9. *Sans Famille*, 1878.

pantalon jusqu'aux genoux, enlève sa chemise et ses sabots qui le font déraper sur le plan incliné. C'est pieds et torse nus, à genoux ou ventre à terre, parfois à "col tordu", que l'abattage va commencer, suivi du boisage, du remblayage et ainsi de suite, dans un continuel va-et-vient, dans une demi-pénombre alourdie par les poussières en suspension. Jusqu'au milieu du XIXe siècle, de "la lampe prise à la lampe rendue", le mineur passera ainsi douze heures par jour, sept jours sur sept, au fond, avec, pour tout intermède, vers 9 heures, une pause d'une demi-heure pour le casse-croûte. Le "briquet", de grosses tartines de saindoux et de la chicorée dans le Nord, de la charcuterie et du vin rouge dans le Midi, on le prend à croupetons, *ajouqué** ou assis à même le sol, jambes écartées, parmi les cailloux et les morceaux de bois qui traînent, dans la tiédeur moite et les effluves nauséabonds des déjections animales, et parfois même, humaines. Recroquevillé, encore.

Vers 14 heures, le dernier bois assuré, les outils rassemblés, c'est le signal du porion, une longue marche encore, la remonte, le retour au jour dans le méandre des galeries, par les chemins accidentés, au milieu des berlines, des chevaux qui se cabrent, à droite, à gauche, passage au vestiaire, restitution de la lampe, récupération du jeton, remise des outils dans le coffre.

Quand le mineur sort enfin de la mine, il fait souvent nuit.

À la surface, le cheval sert aussi au transport des outils et des bois de soutènement. Sa charge est vite facilitée par des berlines montées sur rails. Dans le Centre-Midi, où les puits débouchent dans des zones forestières ou très accidentées, il accède à la fosse mieux que certains engins mécanisés. Jusqu'à la fermeture de certaines exploitations, notamment dans les Cévennes, le cheval de "surface" a fait partie de l'effectif minier.

ON ACHÈVE BIEN LES CHEVAUX

"C'était Bataille, le doyen de la mine, un cheval blanc qui avait dix ans de fond. Depuis dix ans, il vivait dans ce trou, occupant le même coin de l'écurie, faisant la même tâche le long des galeries noires, sans avoir jamais revu le jour. Très gras, le poil luisant, l'air bonhomme, il semblait y couler une existence de sage, à l'abri des malheurs de là-haut[10]."

Ce n'est pas si loin, dans les années 1960, que les derniers chevaux remontent définitivement de la mine. Auparavant, ils sont une trentaine par puits et, comme les mineurs, ont leur tenue de travail : une barrette pour les protéger des éboulis, un collier à grelots pour signaler leurs mouvements et permettre aux ouvriers de les éviter, des œillères pour préserver leurs yeux et des fourreaux pour protéger leurs flancs.

Depuis les débuts de l'exploitation minière, la traction animale est venue soulager le travail des herscheurs. L'affaire ne s'est pas faite à l'amiable. À Anzin, vers 1850, cette initiative a provoqué une grève des rouleurs, qui entrevoient dans l'utilisation de l'animal une menace personnelle. Dans le Nord, avant d'en venir vers 1850 aux équidés, on a préalablement tenté l'expérience avec de grands chiens de traîne. À Rive-de-Gier, dans le Midi, on privilégie depuis 1824 les ânes et les mulets.

En prénommant "Bataille" le vieux cheval de *Germinal*, Zola n'invente rien. Comme les hommes, les chevaux dans la mine sont inscrits au registre du personnel, sous des noms "à rendre jaloux des chevaux de course[11]", Bijou, Tonnerre, Chicot, l'Éclair… Comme les hommes, ils ont leur carnet d'embauche, avec matricule, signalement et observations diverses. Détail cependant : au début du XIXe siècle, ils travaillent entre six et sept heures par jour, deux à trois heures de moins que… les enfants.

Quand, à l'époque, un cheval descend dans la mine, il ne remonte jamais. Mais quelle affaire que de l'y faire entrer ! Au début, on le fait plonger à des centaines de mètres, maintenu croupe et pattes repliées par des simples filets ; plus tard, il emprunte la cage sanglé, les yeux bandés. Se doute-t-il du danger ? Pendant toute la descente, qui dure plus d'un quart d'heure, il ne bouge pas, transi d'effroi. Mais arrivé au fond, tout est possible. "J'in ai vu morir subit'mint", raconte Jules Mousseron, le poète de la mine.

Avant de le descendre, on l'a castré. Désormais, c'est un forgeron qui va en prendre soin, dans des écuries, près de l'accrochage, où les mineurs aiment à se retrouver à l'heure du briquet. *Germinal* encore ? Il est vrai qu'entre l'homme et la bête s'opère alors dans les ténèbres une sorte de compagnonnage. On partage son déjeuner, son tabac à chiquer, on se rassure l'un l'autre. Quand le "bois se met à parler", le cheval dresse les oreilles, l'homme écoute.

Dans les galeries, c'est un ancien piqueur, déclassé pour maladie ou accident, qui est en charge de l'animal "malin comme un k'vau d'cirque[12]". Comme un galibot, le cheval a appris petit à petit le métier. Il sait déjouer les pièges de l'obscurité, ouvrir d'un coup de tête les portes d'*aérage**, se baisser à l'occasion dans une voie trop étroite, et, dit-on, compter. Il n'est pas un bassin, pas une fosse, pas un puits, où l'on ne raconte encore aujourd'hui comment les chevaux démarraient avant même le signal, quand la quatorzième berline de charbon venait à l'accrochage. Quatorze wagonnets de 600 kg chacun, c'était très exactement la charge qu'ils devaient traîner à chaque passage.

Pour l'anecdote, c'est au Front populaire que revient l'initiative d'avoir fait remonter les chevaux de la mine. Oh, pas longtemps, une journée, un dimanche chômé, pour fêter la victoire électorale. C'est seulement après la guerre que, sous la pression d'associations de protection animale, le cheval eut droit à une écurie en surface, ce qui supposait descente et remonte quotidienne. Un beau jour enfin, les chevaux ont disparu de la mine. Paradoxe : elle a depuis perdu son aspect… humain.

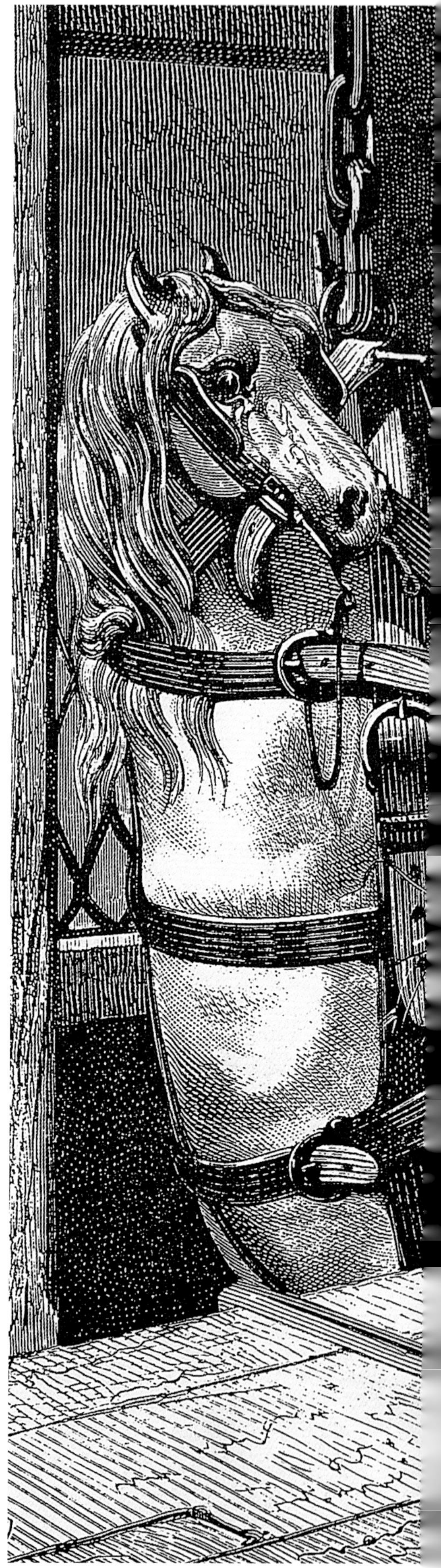

10. *Germinal*, 1885.
11. 12. *Jules Mousseron.*

Très vite, les chevaux entrent dans la mine pour remplacer les "herscheurs" qui roulaient le charbon. La méthode employée pour les descendre, croupe et pattes sanglées, n'évolue guère au cours des années. Officiellement, c'est en 1962 que les derniers chevaux sont définitivement remontés de la mine. Mais jusque dans les années 80, on utilise encore exceptionnellement des chevaux dans certaines galeries trop étroites pour accueillir des locotracteurs.

CHAPITRE IV

LES ENFANTS DES TÉNÈBRES

Lens. Pas-de-Calais. Fosse Traisnel. Ils s'appellent Louis Villette, Marie-Louise Duez, Charles-Louis Doubris, Simon Flomont… Ce n'est pas une fiction, ils ont vraiment existé, inscrits à la plume sur les registres de l'administration des Mines d'Anzin, avec en marge date d'entrée et de sortie, observations et sanctions diverses. Ils ont, en cette année 1851, respectivement quarante, douze, cinquante-six et… soixante-seize ans. Simon Flomont est un cas. Né en 1785, il est entré à la mine à l'âge de neuf ans et ne prendra sa retraite qu'en 1858, après soixante-quatre ans de fond.

Dans des galeries primitives où pas un homme ne tient debout, ce sont des enfants de sept ans qui, à quatre pattes, roulent le charbon. En Angleterre, on les appelle les "putters", en Provence les "mendits". En France, le décret-loi de 1813 interdit le travail souterrain aux enfants âgés de moins de dix ans. Il ne sera effectivement appliqué qu'un demi-siècle plus tard.

Charles-Louis Doubris en est un autre : ce grand gaillard, ancien agriculteur, vient de débuter comme galibot à… cinquante-six ans, après des années consacrées à la terre, la vraie, celle qui tantôt donne de bonnes récoltes et tantôt vous laisse, pauvre comme Job, avec neuf bouches à nourrir.

Le pays s'est transformé. On ne compte plus, dans le Nord et le Boulonnais, les concessions accordées, les mines qui ouvrent : Courrières,

À l'époque des premières mines, quand l'échelle est le seul moyen d'accéder au "fond", ce sont des enfants, des filles notamment, qui remontent le charbon, en file indienne, un sac, une hotte ou un "pannier" sur le dos. On les appelle les "herscheurs". Pour ce pénible travail, ils reçoivent un demi-jeton, autrement dit un demi-salaire.

Dourges, Béthune, Ostricourt, Vendin, Carvin… Au bout de quelques semaines, les puits exploités ferment parfois à cause du grisou, des sables mouvants ou des eaux sulfureuses qui jaillissent brutalement et brûlent les pieds des ouvriers, comme ce fut le cas à Oignies. Nombreuses sont les mises en liquidation parce que les fonçages et les infrastructures coûtent cher, parce qu'on a investi toute sa trésorerie dans la vapeur et dans le chemin de fer, parce qu'il faut faire vite, être d'emblée productif et se préserver de la concurrence. Alors, le paysan se laisse à son tour convaincre par cette nouvelle activité, où aucune qualification n'est exigée, si ce n'est "un bon esprit", précise-t-on au bureau d'embauche. De fait, on privilégie d'emblée les jeunes générations à former : le galibot débute à l'extérieur auprès des charpentiers et des charrons comme trieur de schistes, chargeur ou déchargeur, puis il est admis au fond comme rouleur de wagonnet avant d'être élevé à la dignité de boiseur ou de piqueur.

C'est ainsi qu'au milieu du XIXe siècle, la moitié de l'effectif minier est encore constituée d'ouvriers de moins de seize ans qui travaillent à raison de soixante-quinze heures par semaine. Dans le Nord, les enfants représentent 25 p. 100 du "fond" ; dans le Midi, où les veines sont plus larges, plus accessibles, seulement... 19 p. 100. Un décret datant de 1813 a fixé en principe à dix ans l'âge minimal d'admission, et interdit tout travail souterrain avant l'âge révolu de douze ans. La durée de travail est fixée à huit heures par jour, mais "ne sont pas compris le temps de la descente et de la remonte, ni celui employé à aller au chantier et à en revenir, ni le repos".

LE CŒUR SE SOULÈVE

De la théorie à la pratique, il y a ainsi un abîme de tolérance : les compagnies, à court de main-d'œuvre,

Paradoxe du paternalisme minier : on contourne la loi pour faire travailler les enfants en dessous de l'âge imposé, mais un service social et médical, dont une consultation destinée aux nourrissons, est mis en place dès le milieu du XIXe siècle. Il est gratuit pour les mineurs et leurs familles.

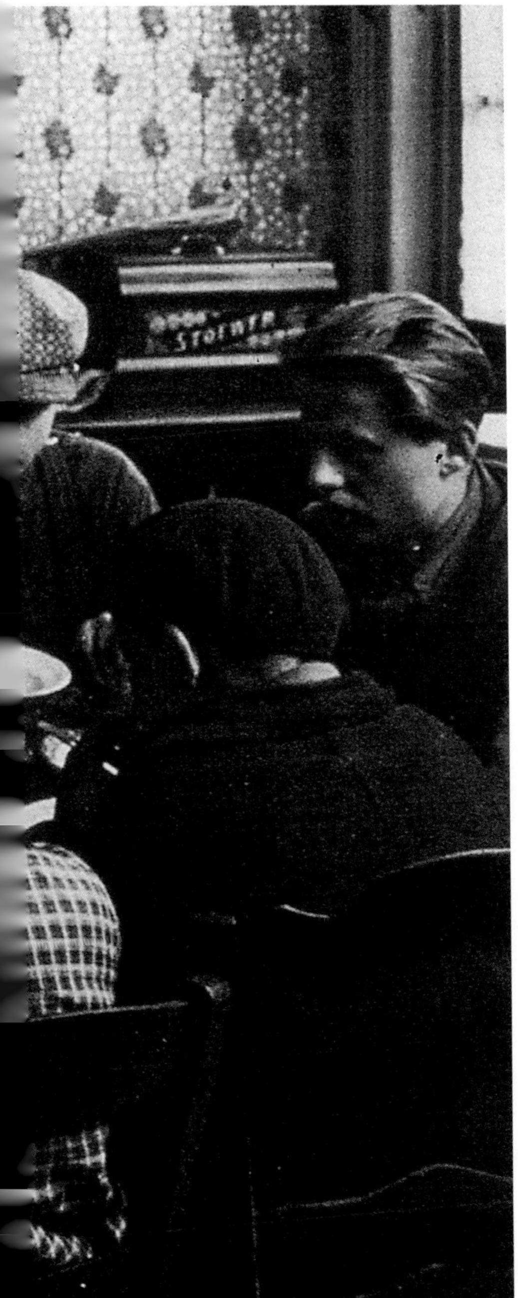

> *"Où vont tous ces enfants*
> *dont pas un seul ne rit ?*
> *Ces doux êtres pensifs que la*
> *fièvre maigrit ?*
> *Ils vont, de l'aube au soir,*
> *faire éternellement*
> *Dans la même prison le*
> *même mouvement,*
> *Accroupis sous les dents*
> *d'une machine sombre,*
> *Monstre hideux qui mâche*
> *on ne sait quoi dans l'ombre.*
> *Innocents dans un bagne,*
> *anges dans un enfer,*
> *Ils travaillent."*
>
> VICTOR HUGO[13]

Le père, la mère, sept enfants dont trois garçons déjà en âge de "descendre", cette famille de mineurs, à l'heure du dîner, est caractéristique de la fin du XIXe siècle. On se marie jeune, entre vingt et vingt-cinq ans. On a beaucoup d'enfants, quatre en moyenne, mais souvent huit. La mortalité infantile vous en prend certains, la mine parfois s'empare des autres.

ferment les yeux sur des extraits de naissances complaisants ; les familles insistent pour bénéficier de dérogations : "le livret du jeune E. D. porte comme date de naissance le 18 janvier 1878, alors que les registres de l'état civil de la ville d'Arras où il est né portent la date du 26 avril 1879", note un rapport conservé aux archives départementales du Pas-de-Calais. C'est l'époque où, dans les galeries, les enfants font équipe par deux, un garçon et une fille souvent, l'un tire et l'autre pousse. Ils ne reçoivent chacun qu'une demi-paye, un demi-jeton.

Le décret de 1813 n'est, nulle part, respecté. En 1853, quarante ans ont passé, des mineurs de Rive-de-Gier écrivent encore à Louis-Napoléon pour le sensibiliser au travail des enfants. "Ils sont forcés, disent-ils, de traîner des bennes qui contiennent trois hectolitres et demi de charbon [...] La fatigue leur arrache des plaintes [...] Le cœur se soulève..." En 1867, à Nœux-les-Mines, trois cent quatorze enfants, dont certains n'ont que dix ans, sont inscrits sur la liste du personnel. C'est un tiers des mineurs de la fosse.

Il faudra attendre 1874 pour qu'une nouvelle loi fixe à douze ans l'âge requis pour l'embauche des galibots. Un progrès ? Pas vraiment, si l'on en croit la jurisprudence. Travail de nuit désormais interdit aux enfants ?

13. *Les Contemplations*, 1838.

Certes, mais permis dans certaines exploitations en cas de… force majeure. Huit heures de travail par jour ? Oui, mais "longue taille" autorisée, soit double journée acceptée. Repos hebdomadaire obligatoire ? Pas forcément le dimanche et pas pour les hommes, alors pour qui ?

On est loin, tout de même, de ce qui se passait au siècle précédent quand, en Angleterre, des mômes de cinq ans, les *putters* et les *trappers*, séjournaient dans la mine douze heures d'affilée. Quand, en France, des femmes travaillaient leur bébé dans les bras et allaitaient entre deux berlines. Quand des gamins, garçons et filles, convoyaient des outils, ventre à terre dans des goulottes. Fiction à la Zola ? En 1778, un rapport du chevalier de Grignan rapporte que "les enfants employés dans les mines de Valdonne montaient à quatre pattes le trou à visette, en s'appuyant sur deux petits bâtons très courts à la longueur de leurs membres". En 1783, les registres de l'église d'Anzin signalent le cas d'Alexandrine Boissau, fille du porion André Boissau, morte à l'âge de sept ans d'un "accident de mine", au cul de fosse, à Tinchon. En 1794, les premiers registres des mines de Carmaux notent la présence d'un Jean Campmas, âgé de neuf ans, et d'un Théodore Fastré qui, à trente-huit ans, comptabilise déjà… vingt-huit ans de service. En 1813, enfin, *Les Petites Affiches de Valenciennes* rapportent l'explosion qui vient de se produire aux mines d'Anzin : "Voilà à quoi l'on attribue cet accident. Un jeune homme de l'âge de dix à douze ans, nommé Carette, pressé de satisfaire à un besoin de la nature, plaça sur le sol son petit chapeau garni d'une chandelle allumée. Le gaz s'enflamma par l'effet du contact avec cette chandelle."

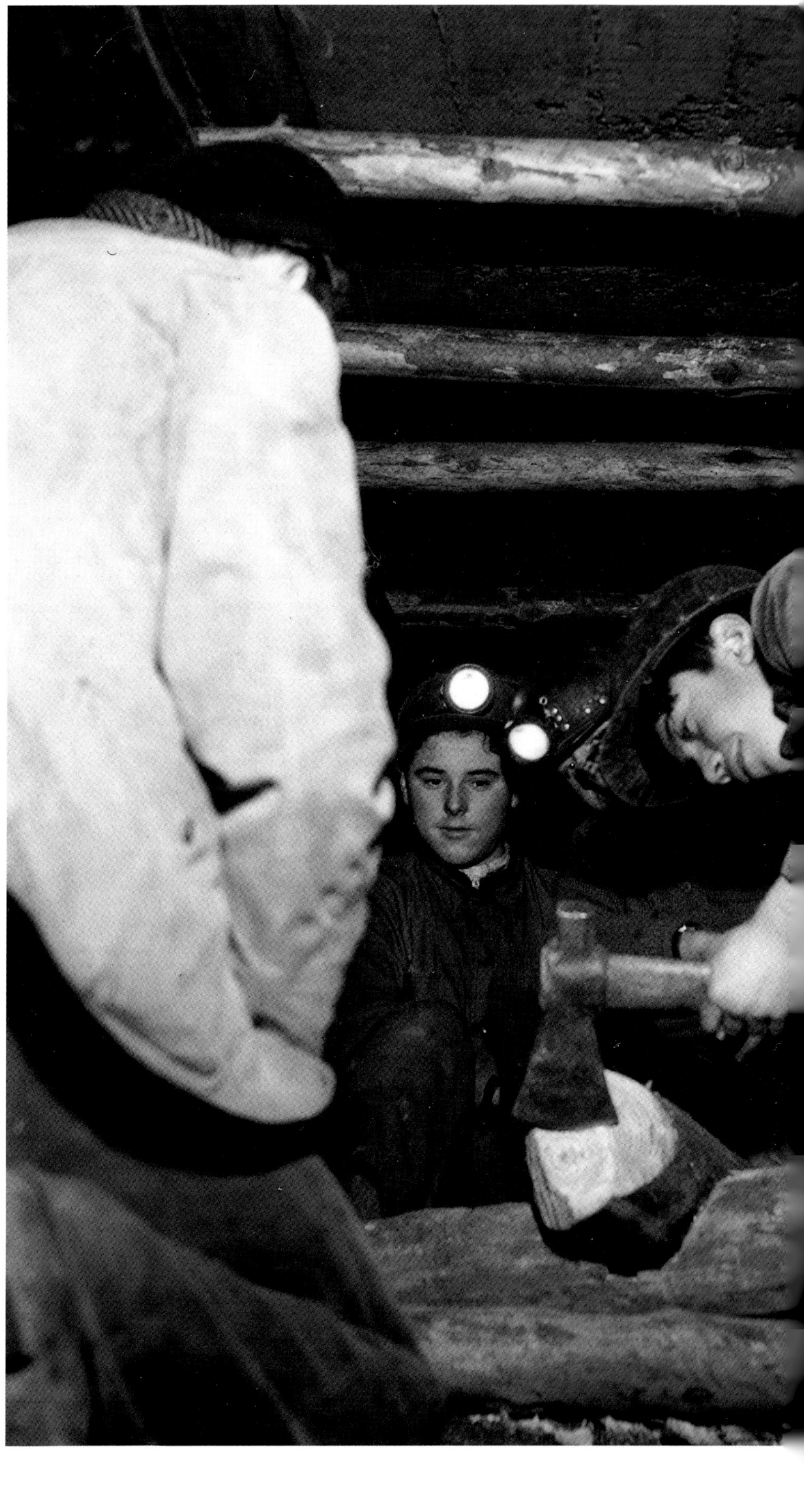

Après la Seconde Guerre mondiale, apprendre la mine, c'est s'inscrire à partir de quatorze ans dans un centre de formation où l'apprenti va étudier toutes les tâches, du triage à l'abattage en passant par le boisage. La mise en pratique s'effectue dans une "mine-image" où des galeries ont été recréées à quelques mètres sous terre. Puis, au bout de deux ans, c'est la confrontation avec la réalité du "fond", cette fois grandeur nature.

À L'ÉCOLE DE LA MINE

Pas d'école obligatoire, bien sûr, nous sommes au début du XIXe siècle. La plupart des mineurs sont d'ailleurs analphabètes et, quand il s'agit de signer leur carnet d'embauche, le font d'une croix, d'où l'idée de les munir chacun d'un jeton numéroté, qui leur sert à la fois de carte d'identité et d'attestation de présence.

Les compagnies qui embauchent des jeunes pour des tâches difficiles, dangereuses et souvent hors-la-loi, s'emploient pourtant à les éduquer. Ce n'est pas le moindre des paradoxes du système. Dès 1812, la Compagnie d'Anzin, alors la plus importante de France, finance la scolarisation de soixante-dix enfants et, sous la Restauration, entreprend la construction d'écoles gratuites afin de leur "apprendre à lire, à écrire, et les quatre premières règles de l'arithmétique et du calcul décimal". En 1865, la Compagnie de Bully-Grenay fait construire un orphelinat pour accueillir une centaine d'enfants, de futurs galibots. En 1867, les mines de Nœux confient leurs trois établissements scolaires aux sœurs de la Charité. Dix ans plus tard, ce sont trente-trois frères maristes qui, à Blanzy, prennent en charge mille deux cents élèves, avec un système de "garderie" pour les plus jeunes. Le paternalisme s'affiche, sa finalité aussi : "Ainsi, les mères, déchargées du soin de leurs enfants, peuvent se livrer à des travaux extérieurs, pour le triage et le criblage des charbons..." L'absentéisme à l'école est néanmoins courant ; c'est que dès l'âge de dix ans, les enfants travaillent, quoi qu'on en dise, effectivement dans la mine. "Ils viennent au catéchisme et à l'école harassés de fatigue, et succombent parfois au sommeil."

À la fin du siècle, la scolarité devient obligatoire et les compagnies généralisent, à proximité des fosses, la construction d'écoles primaires où l'enfant est admis à partir de six ans. Elles connaissent un formidable succès. À Bruay, en 1880, l'établissement local, reparti en plusieurs bâtiments, est fréquenté par mille cent soixante-seize élèves, la totalité de la population en âge de s'y présenter. Le boum de la culture ? Ne rêvons pas. Obtenir son certificat d'études est un passe-droit qui permet l'embauche des garçons à douze ans, soit avec un an d'avance sur l'âge alors normalement requis. Dans les mines du XIXe siècle, on n'a que faire des puits de science.

CHAPITRE V

LES FEMMES AUSSI

Au XVIIe et au XVIIIe siècle, ce sont des adolescentes qui, dans les premières mines du Nord de la France, transportent sur leur dos les hottes remplies de charbon. À l'âge adulte, elles se marient bossues. Au début du XIXe siècle, on surnomme "Marie Rouf-Rouf" les très jeunes femmes qui, dans les galeries, poussent les wagonnets chargés, qui pèsent plus de 600 kg. Le sobriquet n'est pas anodin : il laisse supposer une vertu légère. Plus tard, les jeunes ouvrières employées au triage sont traitées de *clapeuses** en pays stéphanois, de gaillettes ou de *caffus** dans le Nord, allusion aux blocs de charbon que les unes répartissent et que les autres transvasent. Après la Première Guerre mondiale apparaissent les "muses", sortes de prix de beauté, élues chaque année par un jury d'ouvriers du charbon. Les "blancs bonnets" ? Ce sont, dans le Pas-de-Calais,

En Belgique, pendant tout le XIXe siècle, les femmes sont autorisées à descendre dans la mine. En France, déjà à l'époque de **Germinal**, *elles sont peu nombreuses à travailler au "fond". En 1876, une loi le leur interdit formellement et limite à dix heures leur temps de travail quotidien au "jour".*

À la fin du XIXe siècle, l'uniforme des ouvrières, trieuses et moulineuses, exclut le pantalon. Un décret datant de Napoléon Ier interdit, en principe, à toutes les femmes de porter la culotte. Pour mémoire : à l'époque du blue-jean, ce décret, s'il n'est pas respecté, n'a toujours pas été aboli.

ces femmes, épouses et mères de mineurs, toujours tirées à quatre épingles, auxquelles on remet les *quinzaines** de la famille, y compris la paye des fils majeurs non mariés. Incontestablement, si le charbonnier est maître chez lui, c'est par l'intermédiaire de sa femme. Dans la mine, le vrai chef de famille se conjugue au féminin, c'est elle. "Femme de mineur, femme de seigneur", dit un proverbe…

Première levée, dernière couchée, la femme du mineur règne sur chaque moment de la journée. Dès 4 heures du matin, elle s'occupe de ranimer le poêle, de réveiller le père et les aînés, de préparer les casse-croûte, d'habiller les enfants scolarisés. Puis c'est le rituel de

LE POÊLE, LE CASSE-CROÛTE, LE BAIN

la journée, et les lapins à nourrir dans le *carin**, et les poules à plumer, et les poireaux à sarcler, et la soupe à préparer, et la lessive quotidienne des *loques ed'fosse**, noires de charbon, et tous les après-midi, après la remonte, le bain du mari, qu'il faut décrasser dans un baquet après avoir été chercher l'eau à la fontaine, pour finir par nettoyer le ruisseau, ce caniveau commun à plusieurs habitations.

Quand la femme n'est pas aux fourneaux, elle est à l'intendance. La paye, c'est elle, l'*escaillage** grappillé sur le terril, aussi, et les réclamations encore : "Monsieur le Préfet, mon fils a été tué dans la fosse 10… Mon malheureux enfant était seul. Peut-on le laisser seul à quinze ans dans un poste aussi dangereux ?" Si la femme du mineur approche effectivement du carreau, c'est surtout par solidarité. Une grève, une catastrophe et la voilà au premier plan, la marmaille dans les jupes, le drapeau à la main, l'insulte aux lèvres. Des "mégères", notent les commissaires de police. "Des souillons exaspérées", rapporte la presse bourgeoise. "All'sont vraimint coquettes, malgré leur noir musiau", répond le poète Jules Mousseron.

On le voit, et n'en déplaise à Zola, le rôle de la femme dans la mine, s'il est familial et domestique, voire contestataire, comme l'avenir le démontrera, n'a pas grand-chose à voir avec la légende véhiculée par *Germinal*. Peu de femmes, en effet, ont travaillé au fond "attelées à des bennes, dans la boue jusqu'aux cuisses, les reins ployés, misérables femelles ravalées au niveau des bêtes de somme".

RAMASSEUSES DE CAILLOUX

Les faits, donc. Dans le Midi, à Carmaux, à Blanzy, à Saint-Étienne, même dans les temps les plus reculés, quand les filles travaillaient effectivement à la mine, c'était au mieux pour actionner des treuils ou transborder du charbon, plus tard pour vérifier les lampes et les distribuer. Des preuves ? Dans le bassin de la Loire, en 1848, on note bien cinq cent dix-huit recrues féminines, mais toutes employées en surface.

Dans le Nord et le Pas-de-Calais, si elles l'ont fait par le passé, les femmes et les jeunes filles du XIXe siècle ne sont plus très nombreuses à descendre dans les galeries. Le métier s'est spécialisé, la vie sociale s'est organisée, l'ombre de la religion a étendu, plus ou moins tacitement, ses interdits. Comme le tabac et l'alcool, sources d'éventuels accidents, la promiscuité de garçons et de filles, seuls dans le noir, fait craindre

Fin du XIXe siècle, années 40 : la tenue a changé, pas la tâche. Le "triage" consiste, pour les jeunes femmes qui y sont affectées, à séparer les blocs de charbon abattus des matières stériles. Après-guerre et avec l'avancée technologique, ce travail manuel disparaîtra peu à peu, remplacé par la mécanisation.

aux compagnies un relâchement dans le travail. "Les filles pourrissent les ouvriers", clame l'église. "Les femmes sont gênées dans leurs vêtements et ne peuvent se dérober assez rapidement en cas d'éboulement", précise l'administration, qui par ailleurs dénonce "l'habitude déplorable adoptée ailleurs de femmes portant des vêtements d'hommes". Implicitement, c'est donc reconnaître aussi que quelques femmes s'activent au fond : des veuves qui remplacent leur mari accidenté, quelques apprenties qui accompagnent leurs "pères selon un usage introduit par les

"On dit que parmi les ouvriers de la fosse au charbon de Bully-Grenay se trouve un assez grand nombre d'enfants de dix à treize ans [...]
"Des femmes et des jeunes filles, vêtues de costumes de mineur, sont venues depuis quelque temps accroître le personnel de cette fosse à charbon.
"On prétend que dans la mine elles sont chaperonnées par un ouvrier aux cheveux blancs auquel on accorde assez de confiance et d'avoir assez d'yeux et d'ascendant pour que dans ces galeries tortueuses et sombres, les mœurs n'aient pas à souffrir de ce contact d'ouvriers des deux sexes."

LETTRE AU SOUS-PRÉFET DE BÉTHUNE[14]

14. *Archives départementales du Pas-de-Calais, 1855.*

Dans certaines mines, notamment dans le Centre-Midi, la "lampisterie" reste l'apanage des hommes. C'est un poste clef : le lampiste est responsable de l'entretien des lampes. Les femmes n'accèdent à cette fonction qu'à l'extrême fin du XIXe siècle. L'usage voudra qu'elles en soient à nouveau dépossédées au milieu du XXe siècle pour être affectées au triage.

mineurs belges qui ont souvent mis à leur engagement la condition qu'on occuperait leur fille comme herscheuse", précise un rapport du conseil général des Mines du Nord. Une correspondance de l'ingénieur de Béthune reconnaît les faits : "À Bully comme à Nœux, on a pris le parti depuis quelque temps d'appliquer les femmes et les filles aux travaux souterrains, ainsi que cela se pratique spécialement en Belgique. Mais on exerce sur elles une surveillance active, ainsi que j'ai eu maintes fois l'occasion de le constater."

QUAND LES HOMMES FONT DÉFAUT

En 1851, les filles ne représentent plus, tous bassins confondus, que 5 p. 100 des effectifs de la mine. À l'âge de douze ans, comme Marie Wateaux, Césarine Duheim, Ludoxie Poulain ou Philomène Goulois, employées à la Compagnie d'Aniche, elles sont pour la plupart inscrites au jour comme "ramasseuses de cailloux". Dans les années qui suivent, on ne fait appel à la main-d'œuvre féminine que "quand les bras masculins font défaut, tout en regrettant leur emploi au fond, appliqué exceptionnellement et proscrit depuis longtemps déjà dans la plupart des compagnies". En 1874, une première loi interdit officiellement le travail souterrain aux femmes, mais elle ne concerne pas la Moselle, annexée par les Prussiens. Sous le régime allemand, les femmes mineures ne sont pas nombreuses mais elles existent. Parmi les mille deux cent quarante et un ouvriers du puits Saint-Charles, on relève trois femmes qui travaillent effectivement au fond, dans des métiers réputés durs : Marie Otto, Catherine et Anna Martin inscrites respectivement comme remblayeuse, "mineur" et herscheuse. Pour le reste, il faudra attendre 1876 pour voir disparaître définitivement les femmes du fond. Dans son rapport sur les mines d'Arras, la commission de surveillance confirme : "Suivant les instructions, M. le contrôleur s'est rendu au triage de la fosse n° 2 de la Compagnie des mines de Drocourt. Et il n'a pas constaté la présence d'un seul enfant, ni d'une seule fille." Quant à Zola, il est bien contraint de l'admettre. À la sortie de *Germinal*, il précise : "Les dernières femmes qui aient travaillé au fond en France sont celles de Nœux-les-Mines, Pas-de-Calais, qui ont cessé en 1876."

La plupart des femmes employées sur le carreau sont affectées à l'"estacade", c'est-à-dire au chargement des tombereaux et des péniches. Au début du XXe siècle, elles travaillent en sarrau, les cheveux protégés par un foulard. Selon les régions, on les surnomme les "clapeuses" ou les "gaillettes". Avant la Première Guerre mondiale, elles sont souvent simplement enregistrées comme "ramasseuses de cailloux".

ÉLISE, TREIZE ANS, PROFESSION : MINEUR

Elle fait partie du dernier contingent des femmes mineur de fond, de celles qui sont descendues avant la loi de 1876, qui leur interdira désormais le travail souterrain. Son témoignage, on le doit à la formidable campagne de promotion qui, dans les années 1950, avait accompagné la "bataille du charbon". Devenue nonagénaire, mais bon pied bon œil, elle avait alors été célébrée comme il se doit dans les corons du Nord. D'interview en reportage, de magazine en émission de radio, c'est toute une époque qu'elle évoquait. Le résultat, aujourd'hui encore, c'est un formidable coup de projecteur sur les débuts de l'odyssée du charbon.

Elle s'appelait Élise Lheureux-Fievet, née à Bruay en Artois en 1860. À l'âge de treize ans, elle est embauchée fosse 3 de Ferfay, près d'Auchel, comme rouleuse de berlines. Son père travaille dans la même taille. À l'époque, pour atteindre les profondeurs, il faut encore emprunter des échelles métalliques. Élise se souvient de la descente interminable, des petites pierres inquiétantes qui se détachent du toit, de la peur qui alors l'étreint et de son "baptême de *restaplée**" quand elle est prise dans un éboulis dont son père parvient à la dégager. Elle travaille pendant trois ans à la coupe à terre, au remblayage, au chargement, puis, à partir de 1876, la loi l'exigeant, elle remonte au jour.

Dix ans plus tard, Élise, tradition oblige, épouse un ouvrier piqueur. Ils ont quinze enfants, dont neuf garçons. Le temps d'accoucher et la revoilà, à chaque fois, à l'atelier, d'autant que la guerre arrive, que ses aînés sont mobilisés et que la paye des parents suffit à peine à faire bouillir la marmite. Quand ses garçons reviennent de la guerre, tous sains et saufs, Élise, qui a connu les incidents quotidiens et la grande catastrophe de Courrières, n'a qu'une phrase : "La guerre finalement, c'est moins terrible que le charbon." Elle cumule alors trente ans d'ancienneté et peut prétendre à la retraite. Elle a quarante-trois ans. La mine, alors, c'est fini ? "J'en entendais et j'en entends tous les jours parler par mes garçons. C'est comme si j'y étais encore." Cinq de ses fils, en effet, ont pris la relève. Chez les Lheureux-Fievet, la mine, ça se décline aussi de mère en fils.

CHAPITRE VI

AU NORD, Y'AVAIT LES CORONS

Les corons ? Ce n'est pas la ville, ce n'est pas la campagne, ce n'est pas non plus une simple banlieue, c'est une cité qui se construit autour d'un puits et qui lui donne son identité ; en retour, ses habitants lui confèrent son âme. Voulez-vous une image plus réaliste ? Des maisons accolées les unes aux autres, des rues qui mènent toutes à la fosse et quelques grosses bâtisses d'ingénieurs ou d'agents de maîtrise situées à des emplacements stratégiques, à l'entrée du carreau, aux quatre coins du lotissement. Pour avoir l'œil...

Bien sûr, on pense au Nord et au Pas-de-Calais, au pays noir, comme l'appelait Zola. Or, ces agglomérations ouvrières uniformément "couvertes de charbon" ont vu le jour, en réalité... dans le Midi de la France.

Dès le début du XVIIIe siècle en effet, la Compagnie de La Grand Combe édifie pour ses ouvriers des bâtiments collectifs. Ils ne remportent aucun succès. Le mineur local continue d'occuper sa vieille ferme où il élève des poules et cultive des légumes. L'échec du système contraint les autres compagnies à revoir leur copie, à imaginer, comme à Blanzy et à Carmaux, un habitat ouvrier radicalement

Billy-Montigny ? Plus de mille cent personnes, les mineurs et leurs familles, habitent ce coron traditionnel, construit en 1876 à l'entrée de la fosse n° 2. Dès la fin du XIXe siècle, il compte trois écoles, dont l'une réservée le soir aux adultes, un ouvroir, un dispensaire assuré par deux médecins et deux infirmiers, une pharmacie et une chapelle. Tous les soins sont gratuits.

Coron Orléans à Denain, début du siècle, début de la matinée. C'est l'heure des "blancs bonnets", comme on surnomme dans le Nord les femmes et les mères de mineurs. Tous les hommes, sauf un ou deux souffrants, sont partis au charbon. Première "coupe à carbon" à 5 heures le matin. Certaines veuves, mal indemnisées quand leur mari a trouvé la mort dans un accident, se font embaucher comme ouvrières dans les ateliers…

différent, formé de maisons individuelles entourées chacune d'un vaste jardin et relativement éloignées les unes des autres, avec en prime pour chaque famille distribution de bons d'alimentation. Exit les corons.

Dans le Nord, la formule fait florès. Elle repose sur l'intérêt général, qui s'inscrit lui-même dans l'expansion de la région. Pour les compagnies, loger l'ouvrier, c'est l'assurance de le sédentariser. Pour le mineur, dont les déplacements ne sont pas indemnisés, le coron présente d'abord l'avantage de le rapprocher du terril. Pouvoir acheter sa maison à prix coûtant ou la louer pour une somme symbolique en est un autre. L'argument psychologique, enfin, emballe le tout : dans le coron, l'homme reste au contact d'un groupe auquel le lie désormais, à la vie, à la mort, une formidable solidarité. Si le capital crée le coron, le coron induit la future lutte des classes.

"Femme de mineur, femme de scigneur", dit un proverbe minier. Le rôle de la femme, tout au long du XIXe siècle, est surtout domestique. C'est elle qui encaisse les "quinzaines", elle qui tient la maisonnée, elle qui, tous les soirs, se plie au rituel de la toilette. Son mari ? Ses fils ? Elle leur donne le bain, elle lave leurs "loques ed' fosse" qui sèchent pendant la nuit, à la chaleur du poêle.

Les conditions d'accession sont pourtant sélectives. Les ouvriers du fond ont priorité sur ceux du "jour", les couples mariés sur ceux qui vivent en concubinage, les catholiques pratiquants sur les mécréants. Sont systématiquement écartés les ouvriers trop souvent malades ou absents, les "fiers à bras", les veuves et les célibataires. Toutefois, ceux-là peuvent être logés par un couple de mineurs qui fournit le gîte et le couvert, mais alors que de rumeurs, que de on-dit pour alimenter les romans à quatre sous. "Le pensionnaire est alors de toutes les parties, il aide le mari et la femme dans les travaux domestiques, devient un inséparable et un suppléant." À la fin du XIXe siècle, le coron devient l'arme fatale des compagnies quand elles peuvent le retirer à l'ouvrier gréviste. Dans la pratique, la Compagnie d'Anzin usera de ce droit lors des événements qui, en 1893, secouent le Pas-de-Calais.

ET MON JARDIN ? ET MES VOISINS ?

Mais qu'ont-ils donc de si attachant, ces corons, pour que tous les poètes de la mine les aient chantés, pour qu'aujourd'hui encore Pierre Bachelet, fils de mineur, les évoque dans un air à succès, pour que des touristes britanniques ou allemands s'intéressent à ceux qui, dans le cadre de la fermeture des bassins, sont désormais en vente ? Avant d'être remis dans le circuit immobilier, ils sont restaurés et remis aux normes d'aujourd'hui. Certains, même, qui s'étaient affaissés sous l'effet de l'abattage intensif, phénomène connu dans les houillères, ont été relevés au prix de travaux exorbitants. Culbute immobilière ? Pensez donc. Il s'agit surtout de permettre aux mineurs à la retraite qui le souhaitent de ne pas quitter leur coron. La veuve de l'un

Cité des Petits-Bois, à Liévin, au début du siècle : plus de "barres", plus d'habitations collées les unes aux autres. À la demande de ses mineurs, la compagnie a opté pour des maisons individuelles avec chacune un jardinet. Un urbaniste est passé par là pour "casser" la symétrie des anciens corons. On dessine des avenues. On plante des arbres. Un nouveau type de lotissement minier vient de naître.

d'entre eux, qui avait la possibilité d'être relogée dans un appartement en ville, l'a refusée catégoriquement : "Pas question. Et mon jardin ? Et mes voisins ? Et mes habitudes ?"

Les corons, donc ? Le critère de construction du XIXe siècle est pourtant basique. Il s'agit de logements en brique, tous identiques, réunis en groupe, donnant sur une voie centrale, étroite et traversée par un caniveau. Au rez-de-chaussée, une pièce principale fait office de cuisine, une chambre contiguë est destinée aux parents, à l'étage deux mansardes, au sous-sol une cave pour entreposer le charbon, à l'arrière un jardinet qui abrite le carin, sorte d'appentis en dur, tantôt clapier et tantôt remise à outils, à l'écart, les toilettes et le four communautaire.

UN BUFFET, DES CHAISES, UN POÊLE

À l'intérieur, le sol est recouvert de terre cuite ou de ciment, les murs sont peints à la chaux, peu de meubles, une table, un buffet pour la vaisselle, quelques chaises paillées, un poêle qui ronronne été comme hiver grâce à l'escaillage, la poussière de charbon donnée aux ouvriers ou grappillée sur le terril, un seau à charbon avec sa petite pelle verseuse, un baquet pour la lessive et la toilette du mineur, des lumignons à

À Bruay, les inondations ont eu raison des premières installations : l'eau a tout envahi, les puits ont été submergés. On reconstruit. On réinstalle. Le chemin de fer fait son entrée sur le carreau. On profite de la modernisation pour rapprocher l'ouvrier de la fosse en construisant à proximité des corons.

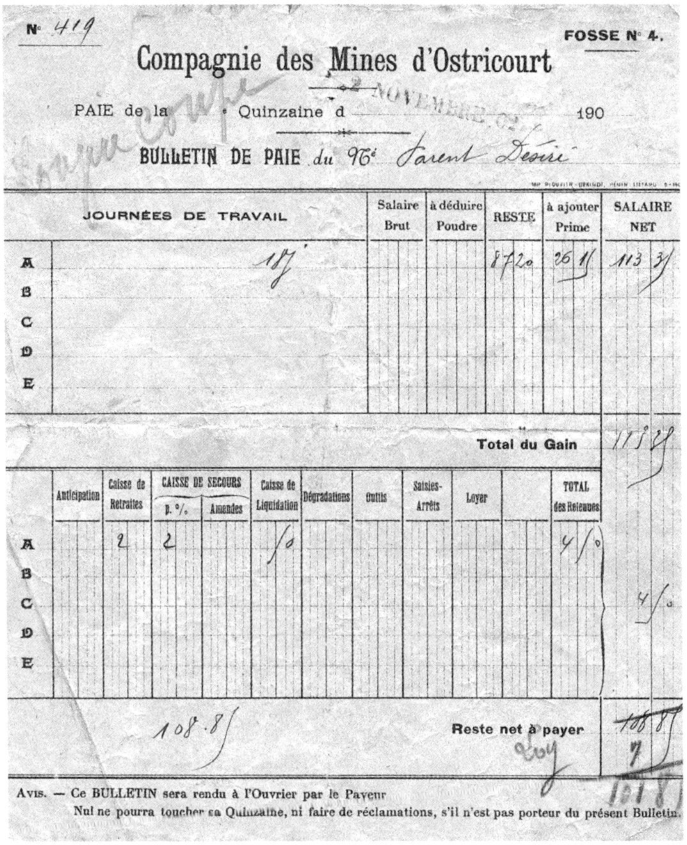

N° 419 FOSSE N° 4.

Compagnie des Mines d'Ostricourt

PAIE de la Quinzaine d novembre 190

BULLETIN DE PAIE du 96e Parent Désiré

JOURNÉES DE TRAVAIL		Salaire Brut	à déduire Poudre	RESTE	à ajouter Prime	SALAIRE NET
A	18			87 20	26 11	113 31
B						
C						
D						
E						
Total du Gain						113 31

	Anticipation	Caisse de Retraites	CAISSE DE SECOURS p. %	CAISSE DE SECOURS Amendes	Caisse de Liquidation	Dégradations	Outils	Saisies-Arrêts	Loyer		TOTAL des Retenues
A		2	2		[illegible]						4 10
B											
C											
D											
E											

108 81 Reste net à payer 108 81

Avis. — Ce BULLETIN sera rendu à l'Ouvrier par le Payeur
Nul ne pourra toucher sa Quinzaine, ni faire de réclamations, s'il n'est pas porteur du présent Bulletin.

Être logé gratuitement est un des avantages de la profession. Mais tous les mineurs n'y ont pas droit. Il faut remplir certaines conditions d'ordre familial ou moral. Pour être logés chez l'habitant, les célibataires, par exemple, versent à la compagnie un loyer équivalent à un peu plus d'une journée de travail. Il est retenu sur leur bulletin de paie.

"Le dimanche, le mineur ne travaille pas… Il se lève, flâne le matin, travaille à son jardin, range le carin où il y a la brouette, les lapins, etc. Le matin, en se levant, il a mangé une tartine. À midi, la famille dîne, la soupe et le bœuf, le lapin engraissé… Après midi, la tournée dans les cabarets commence. C'est là que l'ivresse devient possible… Ils boivent, ils jouent, ils vont d'un estaminet à l'autre, connaissant les habitudes des camarades et les cherchant. Quand il rentre, il est 9 ou 10 heures parfois, et il soupe, très peu, mangeant les restes de midi. Quelquefois, dans les bons ménages, la femme et les enfants vont le retrouver à l'estaminet, surtout dans ceux où il y a un bal…"

ÉMILE ZOLA[15]

L'ESTAMINET ? LE PORION N'Y ENTRE PAS

On l'appelle l'estaminet dans le Nord, la "buvette" dans l'Est : sans cabaret, pas de mineur. On y passe au petit matin pour boire un dernier coup avant la descente et poser sa pipe au râtelier fixé au mur ; on y revient après la coupe pour "rincer le charbon", avec une bière tirée d'une pompe à bras ; le soir, on s'y retrouve pour jouer aux cartes, au piquet ou aux fléchettes. Le dimanche, c'est bal.

À peine 3 mètres sur 3, un guichet en zinc, l'estaminet n'est au départ qu'une halte, à l'entrée du carreau, où le mineur consomme debout. Avec le temps, une arrière-salle et quelques tables en bois viennent compléter le décor, sommaire au demeurant, un poêle, quelques quinquets, parfois au mur l'almanach d'un brasseur, à l'unique fenêtre un brise-bise. Il faudra attendre 1930 pour voir apparaître de vrais bistrots.

Au XIXe siècle, l'ouverture de l'estaminet est soumise à l'autorisation de la compagnie, "parce que ce lieu public est cause de démoralisation pour les fils de nos meilleures familles". Il doit se situer à proximité d'une église, et la profession de cabaretier est incompatible avec celle de mineur. Le patron de l'estaminet est donc la plupart du temps un ancien piqueur déclassé, parfois sa femme, parfois sa veuve. L'enseigne relève souvent de la dérision ou du jeu de mot : *Au dernier sou* ou *Au 20-100-0* (au vin sans eau). Les femmes ne le fréquentent que le soir et le dimanche, la marmaille dans les jupes ; les jeunes filles, en principe, jamais. Jusqu'à la guerre de 1914, dans le Nord, les gaillettes restent agglutinées à la porte, où les garçons viennent, les jours de fête, les inviter à danser pour les ramener aussitôt après. À l'estaminet, le mineur ne paye jamais comptant. Sa note, il la règle, sur la bonne foi du patron, par quinzaine, lorsqu'il est lui-même payé. Certaines payes, d'ailleurs, se font directement par l'intermédiaire du cabaretier. De la coupe aux lèvres.

Cercle de famille agrandi, lieu propice aux confidences et aux discussions animées par la bière, bien que l'ivresse y soit en principe rigoureusement interdite, l'estaminet est le seul lieu qui échappe à l'emprise de la compagnie. Le porion n'y entre pas… ou très exceptionnellement. On y célèbre les noces ; on y fête les naissances ; on y pleure les morts.

À partir de 1880, tous les grands rassemblements populaires partiront de là. Les syndicats et les grévistes y tiennent leurs réunions, tandis qu'à l'extérieur, des militants chrétiens s'organisent pour raccompagner les mineurs éméchés et les convaincre de ne pas abandonner la religion. À Denain, à la fin du XIXe siècle, on compte un cabaret pour cinquante habitants, à Liévin un pour trente-cinq habitants.

15. Carnets d'enquêtes, *Plon, 1986.*

huile ou des "quinquets" à pétrole pour s'éclairer, un saloir en terre cuite pour conserver le lard, et derrière la porte d'entrée le "pochon", le seau d'eau fraîche et sa timbale en fer blanc...

COMBATS DE COQS

"Deux rangs de maisons collées dos à dos, des puits communs, des lieux communs..." Des activités communes, aurait pu ajouter Émile Zola. Ici, tout le monde vit au même rythme, travaille et mange à la même heure. Les mineurs de la *coupe à carbon** réveillent à leur retour ceux de la coupe à terre. On se connaît de maison en maison. On travaille dans le même puits, sous les ordres du même porion. Le soir, on se réunit au coin des rues ou sur le pas de la porte. On boit le café chez l'un et la bière chez l'autre. Le dimanche, une fois tous les quinze jours, on va toucher sa paye puis, ensemble toujours, la boire à l'estaminet. On partage les mêmes loisirs, le tir à l'arbalète, les fléchettes, la colombophilie, les combats de coqs, les mêmes joies et les mêmes peines. La Sainte-Barbe ? C'est tout un pays qui est en fête. Les molettes qui viennent à s'arrêter ? C'est tout une communauté qui s'inquiète. Un coup de grisou ? C'est tout une population qui pleure. Mineur ? C'était un métier. Avec le coron, il a peut-être trouvé, sans le savoir, sa devise. En wallon, le mot veut dire *jusqu'au bout.*

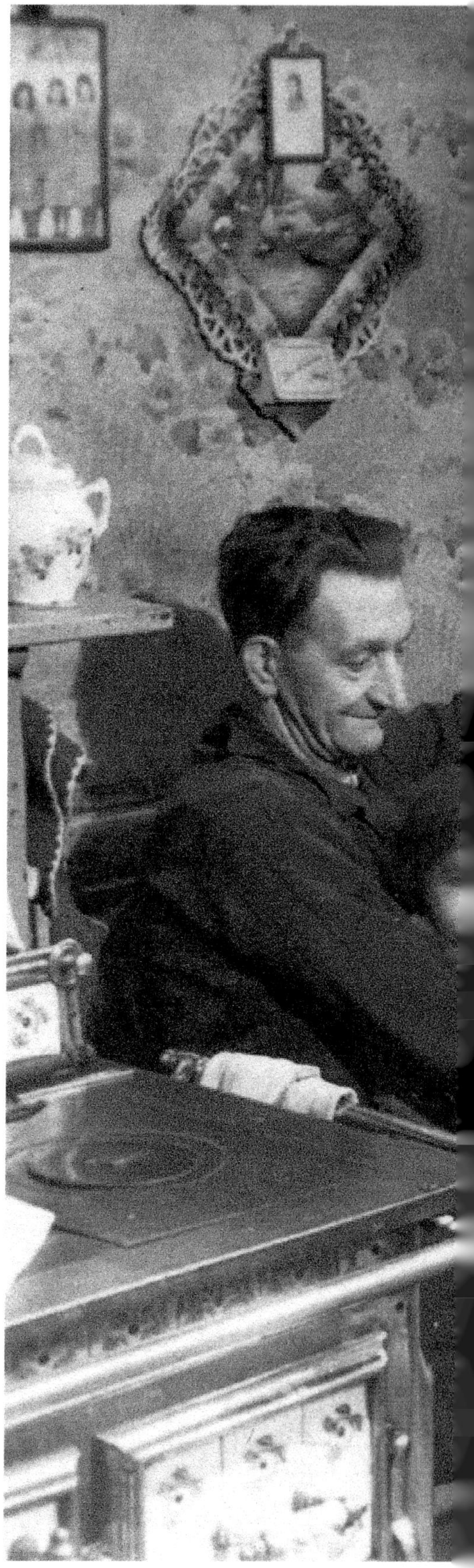

Un logement d'agent de maîtrise et celui d'un mineur à Henin-Liétard en 1924. C'est leur modernisme et leur confort qui font le succès des corons : sol carrelé, murs crépis à la chaux ou tapissés, chauffage au poêle, proximité du lavoir et de la gare. L'eau n'est pas encore courante, mais elle est très vite potable à la pompe. L'électricité fait son entrée dans le coron dès le début du XXe siècle, et avec elle la TSF et la machine à coudre.

LE BUDGET DU MINEUR EN 1900

Difficile d'établir dans le détail le budget d'un mineur au début du XXe siècle. Il faudrait pouvoir tenir compte de la hiérarchie professionnelle, des diverses catégories d'ouvriers, rémunérée chacune sur une base différente, les piqueurs en tête, les galibots en bas de l'échelle ; faire la moyenne entre les ouvriers du fond et ceux du jour, pouvoir tenir compte de la pratique des heures supplémentaires, appelées "longues coupes", puis, à partir de 1905, des primes accordées aux ouvriers affectés directement au "rocher", le poste le plus dangereux, le plus noble, encore rémunéré "à la tâche", autrement dit au rendement.

On peut, cependant, à partir des feuilles de paye de l'époque, préciser une fourchette, en sachant que les règlements se faisaient par quinzaine, le 5 et le 20 de chaque mois, en argent liquide ensaché dans une enveloppe kraft, directement du chef d'équipe à l'ouvrier, et le plus souvent à sa femme, sur le carreau même de la mine, en plein air ou derrière un comptoir. "Argent trois fois compté, argent accepté."

En 1900, le salaire quotidien d'un mineur oscille de 4,50 F à 5,75 F, selon sa catégorie, pour dix heures de travail "de la descente à la remonte". Le nombre de jours ouvrés est de 302. Faites le calcul… Hormis le dimanche, on travaille tout le temps. À l'époque, à titre de comparaison, un kilo de beurre coûte 3,40 F, un kilo de pommes de terre 0,10 F. Pas étonnant alors que les menus tournent invariablement autour des féculents et des légumes que l'on cultive dans son jardin. La viande ? Elle est rarement à table, au mieux, on élève des lapins et des volailles. Restent le tabac et la bière, qui représentent deux postes importants. Le café, quant à lui, est une boisson prohibitive, qui coûte 3,85 F le kilo ; la consommation de vin est en baisse. "L'ouvrier a commencé par retrancher de son alimentation ce qu'il ne se trouvait plus en état de payer. C'est ainsi que l'usage du vin a presque complètement cessé dans la classe laborieuse", précise un rapport conservé aux Archives du Tarn. Dans le Nord, en cas d'hiver trop rigoureux, certaines compagnies distribuent pain et vivres. Mais ne rêvons pas à un paternalisme éclairé, c'est que la malnutrition ne favorise pas l'abattage et qu'un ouvrier malade est un ouvrier improductif.

Ces chiffres, ces commentaires nous paraissent aujourd'hui à la fois terribles et désuets. Replacés dans le contexte de l'époque, ils permettent cependant de comprendre l'attrait exercé par le métier de mineur. On n'est plus, loin s'en faut, au temps de *Germinal*. Depuis plusieurs décennies, grâce à l'action syndicale, le mineur a obtenu de notables augmentations de salaire. Quoi qu'on en dise, sa situation est bien meilleure que celle des paysans, n'en parlons même pas, mais aussi des autres ouvriers, métallurgistes notamment, qui ne disposent pas des mêmes avantages en nature. Le faible loyer que les mineurs versent à la compagnie en échange de leur habitation, le charbon qu'ils reçoivent été comme hiver pour se chauffer, les soins médicaux gratuits qu'ils ont obtenus, ainsi que les indemnités en cas de blessure grave, la pension qu'ils reçoivent à cinquante-cinq ans après trente ans d'activité contrebalancent avantageusement à leurs yeux le danger lié à la profession. En 1906, les veuves de mineur obtiennent une pension de réversion. Les filles ? Depuis qu'elles n'ont plus le droit de "descendre", la plupart se placent en ville. Pour 1 franc par jour, nourries, logées.

Cité Hochwald, à Freyming-Merlebach : des maisons individuelles dans le style du pays, une grand-rue transversale au fond des vallons et des champs, en Lorraine, l'habitat minier contemporain se distingue des corons du Nord. C'est un village qui s'inscrit dans une perspective rurale. Le mineur de l'Est est resté, par le cœur, un paysan.

Cité de Hombourg-Haut, en Moselle, années 50 : des brise-bise aux fenêtres, des pâquerettes au premier plan, la lessive qui sèche au soleil, un arbre fruitier qu'on vient de planter, comme le veut la tradition lorraine, une petite fille en jupette, c'est un dimanche ordinaire dans un lotissement minier près de Forbach.

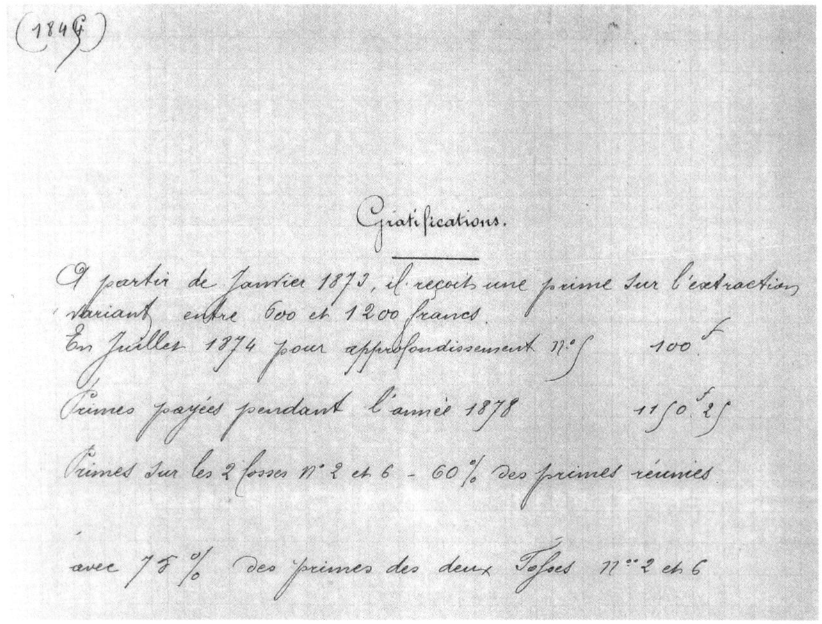

(1849)

Gratifications.

A partir de Janvier 1873, il reçoit une prime sur l'extraction variant entre 600 et 1200 francs.

En Juillet 1874 pour approfondissement n° 5	100f
Primes payées pendant l'année 1878	1150f 25

Primes sur les 2 fosses n° 2 et 6 – 60 % des primes réunies

avec 75 % des primes des deux Fosses n° 2 et 6

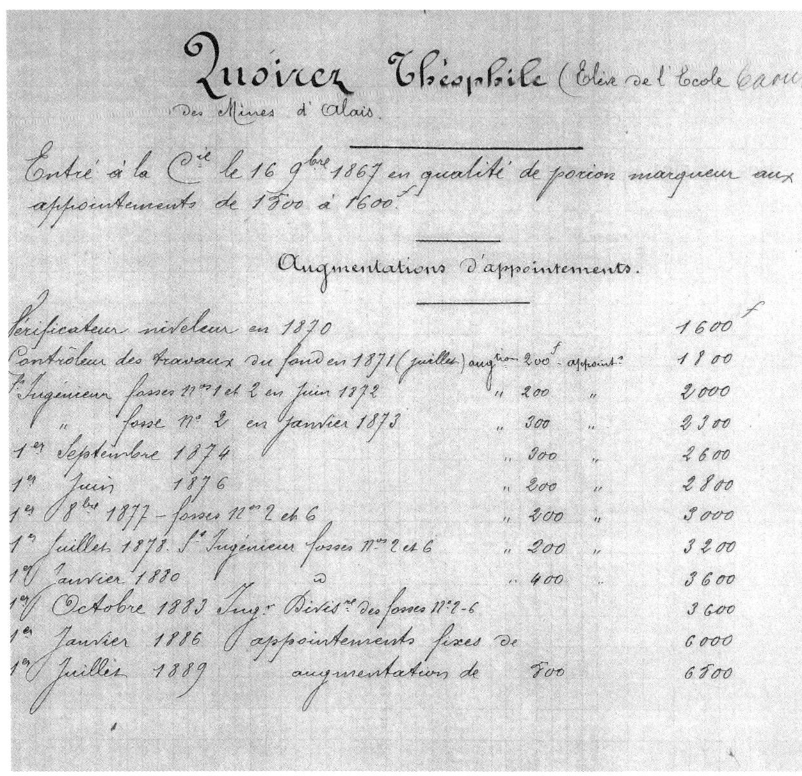

Quoirez Théophile (Elève de l'Ecole Carnot des Mines d'Alais.

Entré à la Cie le 16 9bre 1867 en qualité de porion marqueur aux appointements de 1500 à 1600f.

Augmentations d'appointements.

Vérificateur niveleur en 1870			1600f
Contrôleur des travaux du fond en 1871 (juillet) augtion	200f	appointts	1800
1er Ingénieur fosses nos 1 et 2 en juin 1872	" 200	"	2000
" fosse n° 2 en janvier 1873	" 300	"	2300
1er Septembre 1874	" 300	"	2600
1er Juin 1876	" 200	"	2800
1er 8bre 1877 – fosses nos 2 et 6	" 200	"	3000
1er Juillet 1878. 1er Ingénieur fosses nos 2 et 6	" 200	"	3200
1er Janvier 1880 "	" 400	"	3600
1er Octobre 1883 Ingr Divisre des fosses n° 2-6			3600
1er Janvier 1886 appointements fixes de			6000
1er Juillet 1889 augmentation de	500		6500

Théophile Quoirez n'a pas de bleus à l'âme quand, en 1867, à l'âge de vingt-deux ans, il entre à la mine en qualité de porion-marqueur. L'arrière-grand-père de l'écrivain Françoise Sagan exerce en réalité une fonction de contrôleur-payeur. Il est chargé de comptabiliser la production de chaque mineur payé "à la tâche".

CHAPITRE VII

LE TEMPS DES GRÈVES

“Le bassin houiller exploité par la Société des mines de Carmaux a 7,5 kilomètres de longueur sur deux de large [...] Des collines le hérissent de boursouflures ; des ruisselets à sec en été, torrentueux l’hiver s’en échappent [...] Les puits de mine n’ont rien de désolé ; ils émergent de verdoyants bouquets d’arbres [...] La mine ne fait pas peur au Carmausien, elle l’attire. Il l’aime comme le vigneron aime sa vigne, le laboureur sa terre.”

C’est par ces mots que le journal *Le Temps* commence, le 6 octobre 1892, une série d’articles consacrés à la grande grève qui, depuis le 15 août, paralyse les mines de Carmaux, passionne la France et va nécessiter l’arbitrage du président du Conseil, Émile Loubet.

Ce n’est pas le premier mouvement de grève à agiter le monde minier. Mais les “rebelles”, comme on appelle encore ces émeutes épisodiques, ne sont que des réactions spontanées en faveur d’un camarade ou contre l’autorité d’un porion. L’arrêt de travail ne concerne alors qu’un puits et ne dépasse pas un ou deux jours. Parfois même, il ne touche qu’une catégorie du personnel. Pourtant, dans le Midi déjà, certaines rebelles ont tourné à l’émeute organisée. En 1846, à Saint-Étienne, les mineurs sont venus en masse délivrer quarante grévistes emprisonnés. Bilan :

Les faits et gestes des leaders syndicaux, Jean-Baptiste Calvignac dans le Sud, Émile Basly dans le Nord, les grèves qui partout paralysent les fosses, les revendications salariales, les appels au gouvernement comme médiateur : la presse satirique s’empare de la lutte des classes. “Et le citoyen ministre, il envoie rien ? demande un mineur. – Si, trois mille hommes de troupe.” Loubet et Clemenceau sont impitoyables.

Quatrième Année. — N° 194. Huit pages : CINQ centimes Dimanche 23 Octobre. 1892.

Le Petit Parisien

TOUS LES JOURS Le Petit Parisien 5 CENTIMES

SUPPLÉMENT LITTÉRAIRE ILLUSTRÉ

TOUS LES SAMEDIS SUPPLÉMENT LITTÉRAIRE 5 CENTIMES

DIRECTION : 18, rue d'Enghien, PARIS

LA GRÈVE DES MINEURS DE CARMAUX

Les Gendarmes affichent l'arrêté du Préfet interdisant les attroupements

Des grèves ? Il y en a déjà eu dans la mine, mais ponctuelles, locales et inorganisées. Celle qui secoue Carmaux en 1892 prend une ampleur nationale et, pour la première fois, politique. Les députés sont interpellés, les rassemblements sont interdits, les gendarmes interviennent. La presse comprend que l'heure du syndicalisme ouvrier vient de sonner. L'année suivante, Jean Jaurès est élu à la Chambre.

un mort et plusieurs dizaines de blessés. En 1869, à Carmaux, ils ont débrayé deux mois, et Victor Hugo leur a rendu hommage : "Nous étions tous mineurs, lui, mon père, ma mère, moi. L'ouvrage était dur, le chef n'était pas bon. Comme on manquait de pain, on mâchait du charbon[16]". En 1886, à Decazeville, ils sont allés jusqu'à défenestrer un chef porion. À chaque nouvelle manifestation, c'est un même cri : "des sous !".

Cette fois, l'affaire est politique. Elle éclate le 15 mai quand Jean-Baptiste Calvignac, mineur et trésorier du Syndicat des mineurs, est élu à la mairie sous l'étiquette socialiste. Va-t-on laisser passer l'affront ? Jusque-là, les compagnies, propriétaires d'une partie des églises, des écoles et des casernes de gendarmerie, tenaient aussi les municipalités. On réclame au nouvel élu sa démission, il refuse, on le renvoie pour "absences fréquentes et non autorisées", en réalité parce que "depuis un an, la paix de l'atelier est profondément troublée. Les théories socialistes, qui depuis de longues années ne sortaient pas du cercle d'un petit nombre d'adeptes, se sont fait brusquement jour", précise un rapport du directeur des Mines.

L'ILLUSTRATION

Prix du numéro : 75 cent. — SAMEDI 16 NOVEMBRE 1895 — 53e Année. — N° 2751

LE TRAVAIL AUX ENCHÈRES

Ce n'est pas la grande grève de Carmaux qui inspira *Germinal*, mais celle qui lui avait précédé, à Anzin, dans le Nord, en 1884. Pour la mettre en scène, Émile Zola n'avait pas eu à chercher bien loin l'inspiration. Arrivé le 23 février à Denain pour prendre quelques notes sur son prochain roman, l'écrivain débarque sur le carreau au moment même où la Compagnie d'Anzin renvoie cent quarante ouvriers, venus manifester contre le... renvoi, quelques jours plus tôt, de trois cent trente de leurs camarades. En vingt-quatre heures, ce sont treize mille mineurs qui débrayent et revendiquent en bloc la diminution du temps de travail, l'augmentation des salaires, la représentativité dans les Caisses de secours et l'aide aux accidentés du travail. La grève va durer deux mois.

De fait, si, sous l'impulsion d'Émile Basly, une première chambre syndicale des mineurs s'est constituée en 1883 dans le Nord, sur le terrain, les ouvriers n'ont pas pour autant gagné la partie. Les compagnies continuent d'imposer salaires, modes d'attribution et passe-droits. À Anzin, en décidant arbitrairement d'attribuer les tailles aux enchères, aux moins offrants, elle engage avec ses ouvriers grévistes une partie de bras de fer qu'elle gagnera haut la main. Si l'effectif baisse d'un tiers, son coût diminue de moitié pour un rendement égal. Le capital a gagné. Le mineur est résigné. Dans le Nord, le syndicalisme est écrasé pour vingt ans.

16. Les Contemplations, *1838.*

Les mineurs carmausiens en grève, on fait pour la première fois appel à une main-d'œuvre extérieure, des Bretons et des Espagnols, des Alsaciens-Lorrains et des Italiens pour les remplacer. L'affaire tourne à la xénophobie. La gendarmerie doit encadrer les convois et les fosses, la direction envisager un repli stratégique.

"Devant un dur labeur, le mineur qui s'incline
Vient de se rebeller, et de son triste état
Il envoya parler aux maîtres de la mine
Ses délégués, au nom du syndicat ;
Nous venons vous parler du supplice
Que vous nous imposez, comme au plus vil bétail,
Et nous réclamons un peu du bénéfice
Que vous réalisez avec notre travail."

ODON CARETTE[17]

BASLY, LE JAURÈS DU NORD

"La célébrité est un peu comme la fortune. Elle court les chemins les yeux bandés et vient à des gens qui ne la cherchaient pas." C'est ainsi que le journal *L'Illustration* présente à ses lecteurs, en 1884, Émile Basly, vingt-huit ans, le Jean Jaurès du Nord, l'homme dont la grève d'Anzin va parachever la légende.

Sa jeunesse déjà est un roman. Il a dix ans, en 1864, lorsque sa mère meurt brusquement. Fou d'amour, inconsolable, son père se fait sauter la cervelle sur la tombe de sa femme en laissant seuls ses deux enfants. Émile et sa sœur sont alors recueillis par l'hospice de Valenciennes. À l'âge de douze ans, le jeune garçon est embauché à la mine de Denain. Il ne sait encore ni lire, ni écrire.

Les années passent. L'autodidacte, qui vit désormais dans un coron, est hébergé dans une famille de mineurs. Révolté par l'injustice qui règne autour de lui, il prend spontanément la défense de ses camarades. Licencié comme "agitateur", réintégré, il est de nouveau renvoyé en 1880. Adieu la mine, bonjour le syndicalisme, Émile Basly, qui a ouvert un estaminet à l'enseigne du "XIXe Siècle", se fait le collecteur de toutes les plaintes, de toutes les brimades. Il a laissé le pic, mais il a pris la plume. Tantôt derrière le zinc et tantôt à l'écritoire, il réunit et rapporte toutes les informations relatives à la mine. En 1883, il crée la première chambre syndicale des mineurs du Nord, qui lui vaut d'entrer au conseil municipal. Il a désormais trouvé le cadre de son action. Élu député de Lens, c'est désormais par la voie parlementaire qu'il s'acharnera à sortir le mineur de son misérable filon.

17. La Chanson des grévistes.

Le renvoi de Calvignac est suivi d'un débrayage spontané de deux mille trois cent cinquante mineurs. Dans une explosion de colère, la maison du directeur est pillée, tandis que mille deux cents gendarmes prennent position autour des points stratégiques, les puits, les chemins de fer, les installations. "C'est une grève d'une espèce toute nouvelle, écrit *Le Temps*. Elle ne s'est pas engagée sur une question de salaire [...] La Société des mines de Carmaux a vu avec peine Calvignac, un de ses ouvriers ajusteurs, nommé maire [...] Elle le congédie sans motifs. Elle a porté atteinte à la liberté du suffrage universel, car elle a frappé non pas l'ouvrier, qui était irréprochable, mais l'élu républicain [...] L'électeur a compris que le soufflet donné à son élu le souffletait lui-même, et il a pris fait et cause pour lui."

VIVE LA RÉVOLUTION

La grève se durcit. Une délégation venue plaider la cause de Calvignac est éconduite, l'intervention du préfet tourne court, quant à la compagnie, elle déclare : "Calvignac a cessé de faire partie de notre personnel et n'y rentrera plus." Des arrestations ont lieu, des procès s'ouvrent, défendus par deux grands tribuns, Millerand et Viviani. Jaurès s'exprime dans *La Dépêche*. Femmes, frères, voisins et amis viennent cautionner le comité de grève. On crie : "Vive la Révolution, à bas les calotins." On chante *La Carmagnole*. On brandit des drapeaux rouges. "C'est un curieux spectacle que celui de deux ou trois ouvriers, hommes faits ou enfants, escortés par quatre cavaliers, armés jusqu'aux dents, prêts à repousser une attaque improbable : la rue est déserte et les grévistes font le vide autour de ceux qu'ils appellent des renégats", raconte *L'Illustration*.

Le 3 novembre, tout est fini. Sous la double pression du mouvement ouvrier et de l'opinion publique, Jean-Baptiste Calvignac est réintégré dans ses fonctions et les mineurs condamnés sont amnistiés sous les ovations. Douze mille sympathisants viennent les accueillir à leur retour d'Albi, où ils ont été jugés. *La Dépêche du Midi* couvre l'événement, et c'en est un, en effet, la première victoire inattendue du syndicalisme minier. "Les rues sont noires de monde, femmes, enfants, vieillards. Une fanfare joue inlassablement Sur le quai, les parents des accusés portent des bouquets rouges [...] Le train arrive [...] Une immense acclamation retentit [...] Tout Carmaux était là. C'était inoubliable."

Le comité de la grève, à l'hôtel Malaterre. — Dessin de M. Sabattier.

Les réunions syndicales ont lieu dans des lieux publics, les hôtels et les cabarets. Des collectes nationales sont organisées en faveur des deux mille trois cent cinquante mineurs grévistes de Carmaux. Les "rouffions", les ouvriers qui continuent le travail, sont pris à partie. On crie : "Vive la Révolution !", on chante **La Carmagnole.** *Jaurès, Millerand et Viviani, trois ténors de la politique et du barreau, défendent la cause des ouvriers.*

À BAS LA CALOTTE

D'un côté les compagnies et l'Église, de l'autre les mineurs et le socialisme : à la fin du XIXe siècle, c'est une véritable guerre idéologique que se livrent les compagnies et leurs employés. Tandis que certains patrons exigent à l'embauche un certificat de baptême, on crie "À bas la calotte" au passage des processions. Mitre en tête, crosse à la main, protégé par une compagnie de gendarmes, l'archevêque de Cambrai, Mgr Sonnois, qui vient poser, en 1890, la première pierre de l'église du Sacré-Cœur, est accueilli par des jets de pierres.

Malgré ce mouvement anticlérical, 80 p. 100 des enfants de mineurs sont baptisés, et on continue à se marier à l'église. C'est que les patrons jouent à fond le jeu de la religion. "Piété, propreté et ponctualité font la force d'une bonne affaire", précise l'article premier du règlement intérieur des Mines de Courrières. À Lens, la compagnie verse 10 francs, l'équivalent de trois journées de travail, à chaque enfant d'ouvrier qui fait sa communion, et les logements ne sont accordés aux familles que sur présentation d'un certificat de mariage. Dans certaines mines, la religion s'affiche ouvertement. "Des prières seront dites chaque matin dans le grand bureau. Les employés de bureau y seront obligatoirement présents", précisent certains règlements.

Avec Anzin dans le Nord et Carmaux dans le Sud, la grève s'inscrit désormais dans l'histoire de la mine et celle, plus générale, de la lutte des classes. Au début du XXe siècle, le mineur débraye pour obtenir des augmentations de salaire, mais aussi de meilleures conditions de travail et de sécurité. Au moment du Front populaire, il est confronté à un mot qu'il ignorait jusqu'alors : le chômage.

Sainte-Barbe ? On ne sait pas grand-chose de la patronne des mineurs. Ni où elle vécut, en Orient sans doute, en Turquie peut-être, ni quand, vers 200 ap. J.-C., croit-on. Avant la Première Guerre mondiale, les compagnies lui consacrent, le 4 décembre, un office religieux. Ensuite, les mineurs prennent l'habitude de la célébrer en famille. Chaque année, il existe aussi ce que l'on appelle la "quinzaine Sainte-Barbe". Durant cette période, les mineurs sont autorisés à travailler plus que de coutume. Double travail, double paye. Depuis 1951, le 4 décembre est chômé dans tous les bassins.

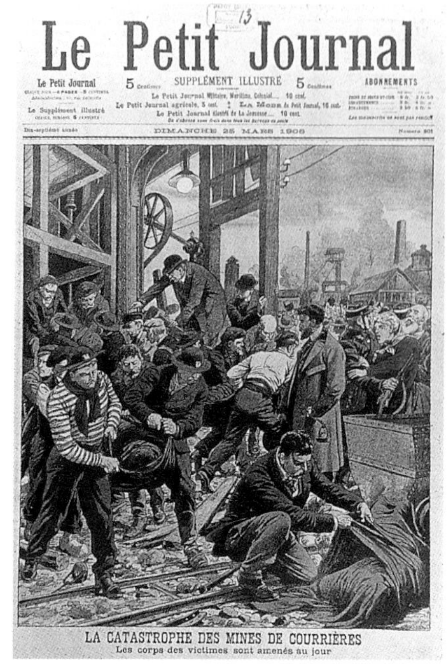

CHAPITRE VIII

L'HORREUR À COURRIÈRES : 1099 MORTS

Jamais la mine en France n'a connu une telle catastrophe. Le 10 mars 1906, une explosion fait, à Courrières, 1 099 victimes. Les circonstances dramatiques, les sauvetages désespérés, l'envoi de la troupe, la neige qui tombe, les funérailles trop vite organisées font de ce terrible accident un événement national, repris à la une de tous les journaux.

Courrières, 6 h 45 du matin, le 10 mars 1906. Une formidable explosion vient de secouer la fosse n° 3 dans laquelle sont descendus près de mille cinq cents mineurs, des galibots de quatorze ou quinze ans, comme l'orphelin Paul Cartier, originaire de l'Oise, Alphonse Beaumont, engagé à peine un mois plus tôt, ou Théodore Corteville, l'aîné de huit enfants, des piqueurs, des raucheurs, des herscheurs, certains en fin de carrière comme le vieil Auguste Mathieu, cinquante-sept ans, père de six filles, des porions, comme Jules Lecerf qui, dans la nuit du 5 au 6 mars, avait dit-on déjà décelé un incendie dans la veine Cécile. Vrai ? Faux ? Feu latent ou feu déclaré ? On était intervenu. On avait isolé la galerie avec des barrages de brique et de terre, calfeutrés par de simples textiles. Mais ce premier incendie a-t-il servi de détonateur ? A-t-il déclenché un formidable coup de grisou qui a fait exploser les galeries, qui a balayé les bois de soutènement et projeté les cages à des dizaines de mètres ? Nul ne le sait encore, ce matin-là. Les premiers rescapés restent muets de terreur. Ils ont le visage noirci, les vêtements déchirés, les mains et le visage en sang. Certains s'enfuient à toutes jambes. Quand ils racontent, comme le fait Pierre Dasson, vingt-

LA CATASTROPHE DES MINES DE COURRIÈRES
Les corps des victimes sont amenés au jour

deux ans, sorti indemne de la fournaise, c'est pour évoquer le vacarme assourdissant, l'air qui se raréfie, les vapeurs toxiques, les camarades qui tombent, les corps qui s'enchevêtrent. *L'Humanité* titre : "1 500 mineurs ensevelis. Scènes tragiques autour du puits". Le journal *Gil Blas* commente : "Lugubre cortège. L'Horreur. Populations hébétées". *Le Matin* polémique : "Ensevelis vivants. Mille vies humaines valent bien quelques bennes de charbon".

Des épouses, des mères, des femmes affolées, tous les *blancs bonnets* sont là, qui crient, qui pleurent, qui s'évanouissent. Un bébé dans les bras, un enfant à la main, elles attendent un père, un mari, un fils, souvent les trois, parfois toute leur famille, comme Cordule Levan ou Philomène Petain, qui perdent chacune dans la catastrophe leur mari et leurs quatre garçons ; comme Marie Carémiaux, qui pleure ses deux fils et ses deux neveux, tous résidants au coron n° 435, tous galibots ; comme Philomène Noé, qui enterrera dans la même journée ses deux enfants, son frère et son concubin, Léon Boutry. Mille quatre-vingt-dix-neuf morts au total. "Le destin", disent les journaux de droite. "Une sommation de justice sociale", écrit-on à gauche.

Pas de chance ? Comment qualifier autrement l'infortune de ces pauvres

L'ingénieur au milieu, les porions à droite et à gauche qui encadrent leurs ouvriers, la lampe à la main ou à l'épaule, la "barrette" sur la tête, les "galibots" au premier plan, c'est toute l'équipe d'un puits du Pas-de-Calais qui est ainsi photographiée en 1906. Cette séquence bon enfant et paternaliste ne va pas résister à l'électrochoc que crée Courrières. Peu de temps après la catastrophe, les mineurs se mettent en grève.

Une dizaine d'hommes seulement forment l'équipe de sauvetage officielle des mines de Courrières, réputée grisouteuse mais qui n'a encore jamais connu de grand accident collectif. Ils sont vite débordés. De nombreux mineurs rescapés se portent volontaires : ils ont un fils, un père, un parent au fond. Puis on fait appel aux pompiers parisiens et enfin à des sauveteurs allemands, équipés de masques à gaz.

Français et Allemands en tenue de travail.
teurs est mort victime de son dévouement.

bougres auxquels la mort avait donné rendez-vous par 350 mètres de fond ? Pour certains comme Léonard Caucheteux, seize ans, l'aîné de quatre sœurs, fils, petit-fils et arrière-petit-fils de mineur, l'accident était peut-être inscrit en filigrane dans l'agenda de sa vie. Mais pour les autres ? Jean Heierle, vingt-neuf ans, ne travaillait pas ce jour-là, il se portera sauveteur volontaire et restera au fond ; Antoine Duez, trente-trois ans, marié et père de trois enfants, n'avait pas voulu, "trop risqué", suivre ses frères, partis "houilleurs" en Amérique ; le Parisien Alphonse Sylvestre, cinquante-six ans, avait choisi la mine par vocation, il y était entré comme herscheur, il y est mort comme porion ; quant à l'orphelin Charlemagne Venant, seize ans, il venait de trouver une famille d'adoption, à Noyelles-sous-Lens, chez Lucien et Amandine Delvallez. Il mourra asphyxié à la fosse 4 de Sallaumines. Son père adoptif, parti le chercher, ne reviendra pas de l'enfer.

OBSÈQUES SOUS LA NEIGE

Des médecins de la compagnie sont arrivés à la première alerte ; des gendarmes à cheval repoussent la foule qui crie "Des noms, des noms" quand la benne remonte des cadavres en grappe ; des pompiers parisiens arrivent en renfort, et aussi un régiment de ligne et encore un contingent allemand. Des hommes casqués de cuir, les sauveteurs, mineurs volontaires pour la plupart, commencent à remonter des corps en lambeaux, certains comme momifiés, d'autres le visage écrasé, les membres brisés, la tête scalpée. Puis, de descentes en montées, la benne déverse encore, déverse toujours des cadavres calcinés, presque nus, certains repliés sur eux-mêmes, les bras en avant comme dans un geste ultime de défense. Ce sont aussi les premiers témoignages, terribles, qui parviennent à la surface, dans le coron et bientôt dans la France entière. "Tout est éboulé. Les berlines en fer sont démolies, les tuyaux d'aérage sont tordus… Partout c'est le chaos, tout est renversé", raconte un sauveteur. "Les cadavres sont dans un état qui défie toute description.

Une mère pleure son fils retrouvé calciné (photo de gauche). Pierre Simon, que tout le monde à Courrières surnomme Ricq, est délégué mineur. Ce poste, créé à la fin du XIXe siècle, désigne un ouvrier élu par ses camarades pour veiller à la sécurité du fond. Pierre Simon avait effectué une visite de contrôle quelques jours auparavant. Sauveteur volontaire, il ramènera vivants de la fournaise vingt-sept mineurs (photo de droite).

"Le cœur se serre de douleur et d'angoisse devant la catastrophe de la mine de Courrières. Quel est le nombre des victimes ? On ne le saura sans doute que dans un jour ou deux ; mais c'est toute une région qui est frappée au cœur. Est-il possible d'établir des responsabilités ? Il faudra les rechercher sans parti pris, mais sans faiblesse. Est-il vrai que le rapport parlementaire sur les mines signalait l'insuffisante aération de la mine de Courrières ? Je n'ai pas eu le temps de m'en assurer. Il se peut après tout qu'il y ait encore, dans le maniement des forces naturelles, une part de fatalité que l'homme n'a pas pu réduire. Il se peut que, même exploitée collectivement, sans âpre souci immédiat de dividende, les mines puissent être encore parfois surprises et ravagées par l'explosion sauvage des forces aveugles."

JEAN JAURÈS[18]

18. L'Humanité, *11 mars 1906.*

La plupart sont nus ; les vêtements ont été brûlés ; les corps eux-mêmes sont entièrement carbonisés. À l'un, les doigts sont arrachés ; un autre a les yeux sortis des orbites ; un troisième est privé de tête. On remonte aussi un cheval, amputé des quatre pattes, et décapité", rapporte l'envoyé spécial du *Matin*. Déjà, on évoque les responsabilités. *Le Réveil du Nord* dénonce "les vautours de Courrières".

Parfois, pourtant, l'espoir renaît. Ici, ce sont des coups frappés contre la paroi qui résonnent dans le silence imposé et laissent envisager des survivants. Là, c'est un délégué mineur, Pierre Simon, qui parvient, au péril de sa vie, à sauver vingt-sept de ses camarades et qui commente : "Ils sont morts, seuls les yeux vivent." Ailleurs, c'est un chef porion, Adolphe Grandamme, qui en retire dix-huit autres d'un amas de poutrelles avant de repartir dans les galeries. On ne le reverra pas. Le bilan est épouvantable : mille quatre-vingt-dix-neuf morts.

Toutes les communes sont touchées, tous les corons sont en deuil. Il n'est pas, à Billy-Montigny, à Sallaumines, à Méricourt, une porte où la mort n'ait frappé. Pourtant, on veut croire encore au miracle. Tous les jours, des milliers de parents et d'amis se pressent sur les lieux, sanglotants et exaspérés, confiants ou virulents déjà. Pour éviter des scènes pénibles, pour ne pas exposer les chairs déjà décomposées, les corps sont maintenant remontés la nuit, à l'insu des familles, identifiés pour les uns par des camarades de travail, déclarés "inconnus" pour les autres. Devant l'urgence et le nombre des victimes, des cercueils arrivent de toute la France, de simples caissons en bois blanc ornés d'une croix noire. Ils forment le 13 mars, lors des obsèques officielles, un interminable cordon mortuaire. Et la neige qui s'en mêle, et l'ingénieur en chef qui doit quitter le cimetière sous les huées : "À mort, à mort !", et la mine qui brûle toujours. Pour éviter que l'incendie ne se propage, pour éviter aussi les épidémies, on a déjà muré certaines fosses malgré les incertitudes. Et s'il restait encore des

Un grand nombre de victimes ne pourront pas être identifiées. Pour éviter les épidémies, on les ensevelit dans une fosse commune que les mineurs du Nord surnomment "le silo de Méricourt". La cérémonie des funérailles, qui se déroule à la va-vite et sous la neige, provoque dans les corons colère et amertume. Par crainte d'émeutes, la troupe encadre la population.

vivants ? Et si l'on avait abandonné trop tôt les recherches ? Courrières est devenue une nécropole qui ne rendra pas tous ses corps.

VINGT JOURS PLUS TARD, TREIZE "ESCAPÉS" REMONTENT

Et pourtant, le 30 mars, l'incroyable arrive. Vingt jours ont passé, les secours ont cessé, la venue de Clemenceau et de vingt mille hommes de troupe pour garder le carreau ont déclenché une grève, l'espoir est mort quand, à 7 h 30 du matin, au puits n° 2, treize hommes surgissent d'une galerie, hébétés et hirsutes, devant une équipe d'ouvriers occupée à réhabiliter les lieux. Stupeur. On les installe avec précaution dans la cage, on les remonte au jour qui les éblouit, on les transporte à l'infirmerie où, dans la pénombre, on leur fait absorber à petites gorgées du café, du lait et des cordiaux.

La petite salle est maintenant pleine de monde. On accourt de toutes parts. Les directeurs des mines succèdent aux médecins, qui bientôt laissent la place aux familles. Célina Castel, la mère de Louis, vingt-deux ans, s'écroule d'émotion. "Et ton frère ?" Le jeune homme détourne la tête. Camille-Léonie Busquet, qui a déjà perdu deux fils dans la catastrophe, s'évanouit en voyant le troisième indemne. Sans un mot, comme figée, Nelly Pruvost étreint son mari Charles-Louis et son fils, Anselme, quinze ans, sauvés tous les deux. On pleure, on rit, on dit des banalités. Victor Martin, dix-sept ans ? "J'ai surtout eu froid." Charles Pruvost, quarante-cinq ans ? "Je n'ai jamais perdu espoir." Élie Lefebvre, trente-huit ans ? "Je n'ai pas pu fermer l'œil." Louis Castel, vingt-deux ans ? "Je n'ai jamais oublié de remonter ma montre." Auguste Couplet à son frère cadet Honoré, qu'il croyait mort ? "Tiens, te voilà, toi." Un mari à sa femme : "Ben, qu'est-ce tu fais toute habillée en deuil ?" On est submergé par l'émotion. Elle est à son comble quand Henry Nény, trente-huit ans, raconte à l'envoyé spécial de *Gil Blas* leurs vingt jours d'errance, dans le noir, la fournaise et la boue : "Nous mangions tout ce qui nous tombait sous la main, de la terre, des écorces de bois, le cadavre d'un cheval déjà décomposé. Nous nous glissions sous les éboulements, heurtant des cadavres dans l'obscurité. De temps en temps, nous faisions l'appel pour voir s'il ne manquait personne. Hier soir, nous avons senti l'air frais qui nous a guidés. Nous étions sauvés."

À l'exception des plus âgés d'entre eux, la plupart des rescapés, César Danglot, Victor Martin, Léon Vanhoudenhove, Louis Castel, Pierre Berthon, Henry Nény redescendront au fond. Quelques-uns, Henri Wattiez, Élie Lefebvre, Léon Couplet, Anselme Pruvost, demanderont à être affectés au jour. Un seul, Albert Dubois, dix-sept ans, quittera le métier. Le destin, disiez-vous ? Il sera, en 1914, huit ans plus tard, un des premiers soldats français à tomber au champ d'honneur.

Les treize survivants, remontés vingt jours après la catastrophe, sont accueillis comme des héros, fêtés et décorés. La presse s'empare de leurs récits. Nény, le premier, vend ses Mémoires. Plus tard, César Danglot écrit son journal, qui ne sera jamais publié. Nous l'avons retrouvé.

LE JOURNAL D'UN "ESCAPÉ"

Après vingt jours et vingt nuits passés au fond de la mine, un des treize "escapés[19]" de la catastrophe de Courrières, César Danglot, vingt-huit ans, marié et père de deux enfants, avait écrit le récit de son incroyable aventure pour, disait-il, "remettre les pendules à l'heure et corriger les invraisemblances que la presse avait colportées". Il ne fut jamais publié car, entre-temps, Henry Nény, un autre des treize survivants, avait signé avec les journaux un contrat d'exclusivité pour raconter leur périple. César Danglot avait dédié ses souvenirs à son frère Édouard, à son oncle Lucien, à ses neveux et à ses beaux-frères qui avaient péri dans la fosse. En voici, pour la première fois, quelques extraits.

« C'était le 10 mars 1906 [...] Nous nous trouvons dans le quartier qui sépare l'accrochage de 280 mètres de profondeur et celui de 326 mètres [...] Soudain, une détonation se fait entendre [...] Au même instant, apparaît le nommé Couplet, conducteur de cheval. Il remontait le beurtiat Adélaïde. Il arrive près de nous, il ne peut dire un mot et tombe évanoui [...] C'est peut-être un "sauve qui peut", disent les rouleurs effrayés, qui reviennent avec leur berline vide. "Ne perdons pas une minute..."

Nous voilà une petite troupe [...] Nous fuyons vite et arrivons à la bowette 326. Le petit Deplanque fait une découverte terrifiante. Un homme est couché inerte sur le sol. Le malheureux n'a pour tenue que son pantalon. Nous levons l'une de ses épaules. Le côté droit est raplati... Je fais demi-tour. J'aperçois un second mort. Je le retourne et je reconnais le camarade Dussart qui travaillait à la veine Joséphine. Le malheureux est venu mourir là en se sauvant.

Nous délibérons quelques instants. Je demande l'avis de tous et je m'arrête à celui de Pruvost, Charles-Louis, qui est le plus ancien de notre groupe... Nous montons le beurtiat et la cheminée qui correspond à 280. Nous voici enfin dans la bowette qui correspond à Joséphine. Je me retourne vers Cuvelier qui dit : "Ça frappe à la tête". Je réponds : "Immédiatement, demi-tour".

La voie est obstruée. Nous rampons sur les terres éboulées, il faut remblayer [...] C'est la besogne terrible que nous accomplissons là à tâtons. Nos mains rencontrent des cadavres, nous tirons des lambeaux de vêtement, c'est horrible... Mais il faut vaincre ou mourir [...] L'explosion a fait ravage partout. Par où aller, maintenant ? Quelle heure est-il ? Quel jour sommes-nous ? Tout le monde dit "J'ai soif". Couplet appelle "Mon mère, mon mère".

On entend un galop, puis un hennissement. C'est le cheval de Couplet qui vient vers nous. Pauvre bête ! Il cherchait des amis, il a trouvé des bourreaux [...] Nous repartons vers le front de la veine Adélaïde. Lefebvre marche en avant. Il trouve Albert qui ronfle. Je m'approche à mon tour, le malheureux a les lèvres mousseuses. Je lui ingurgite l'unique et misérable boisson dont je dispose, de l'urine. Tous les soins sont inutiles [...] Nous remontons une fois de plus le beurtiat. Il fait lourd à marcher. On sent de plus en plus le mauvais air qui déprime les forces déjà si basses. Pruvost et Nény s'avouent vaincus. Ils refusent d'avancer. Je dis : "Allons donc, c'est vous, Pruvost, qui avez toujours été si brave et si hardi, qui parlez ainsi. Plus que jamais, il faut de l'énergie et du courage. Envers et contre tous, vous marcherez ! Allons, les camarades, tous un nouvel effort."

Mais, on ne doit pas attendre le secours sur place. Avec mon pic, je frappe sur le fer, espérant pouvoir être entendu à l'accrochage. Pas de réponse. Avec Pruvost, nous décidons de descendre le beurtiat. Arrivés à l'accrochage, nous passons sur des cadavres amoncelés, nous cherchons la sonnerie, plus de sonnerie, nous cherchons les barrières, c'est la destruction et la mort partout. Le silence est sombre et terrible [...] On rampe, on marche à genoux, on se traîne du mieux qu'on peut, on se serre les uns contre les autres [...] Et des cadavres, encore des cadavres, toujours des cadavres [...] Le découragement nous envahit [...] Nous nous sentons désorientés, perdus [...] Nous cherchons à gauche, nous cherchons à droite pour découvrir un passage [...] Après un repos dont je ne saurais déterminer la durée, nous nous remettons en marche pour redescendre le beurtiat Boulard, qu'on avait escaladé avec tant de difficulté. Couplet a conservé la corde dont il se servait pour conduire son cheval. Si elle peut résister à notre poids, il faudra nous laisser glisser [...] La corde a résisté.

Mais notre position est toujours incertaine [...] La faim se fait sentir [...] La soif dévore. Pendant que nous luttons ainsi, que disent nos parents, nos frères, nos mères, nos femmes, nos enfants... ? Nous nous abîmons dans des pensées déchirantes [...] Mais il faut marcher, on marche. Nous nous dirigeons vers l'accrochage 303. Nous arrivons à l'écurie [...] Quel bonheur, voici un seau et un peu d'eau. Plus loin, c'est un fond de sac d'avoine, quelle aubaine ! Je frappe encore sur les tuyaux. Ô, surprise heureuse, des voix nous répondent. Vous dire le frisson d'espoir qui nous agite tous n'est pas possible. Cette fois, nous sommes édifiés. Ce sont des camarades qui errent comme nous dans le noir. Qui est là ? C'est nous. Qui, nous ? Dites vos noms.

Notre groupe passait donc au chiffre 13, avec les trois autres reclus rencontrés. Woittiez connaît bien le quartier où nous nous trouvons. C'est un guide de plus, et de bon conseil. Nous suivons la descenderie pour arriver à 280. L'accrochage est rempli de cadavres. Nous suivons la direction vers Billy. Nous sommes obligés de marcher sur les genoux. Nous rencontrons une taille et nous allons buter contre des berlines en fer. C'est une remarque de grande importance pour nous. À Méricourt, ce sont des berlines en bois, nous sommes donc dans la bonne direction [...]

Cette fois, ça y est, nous sommes sauvés. »

19. À l'époque, on emploie le mot "échappé" pour désigner celui qui est sorti indemne d'un accident. Dans le nord de la France, "échappé" est devenu en patois "escapé". Plus tard, la presse "inventera" le mot "rescapé", passé aujourd'hui dans le langage courant.

COUP DE GRISOU

"Druon Constant, tué sous les roues d'une rame d'un wagon, le 18 janvier 1904 ; Florent Émile, tué par la chute d'un bloc, le 19 février 1904 ; Daujet Yves, tombé du bougnou, le 11 août 1911 ; Penel Joseph, marié, trois enfants, électrocuté le 6 septembre 1911, à 4 heures du soir, par contact avec le câble haute tension alimentant l'éclairage." Est-il vraiment nécessaire de lire les registres de l'administration pour s'en convaincre ? La mine tue. Aux temps anciens des premières exploitations, c'est un câble qui se rompt, une berline qui dévale d'un coup la pente, un cuffat qui s'abîme dans un puisard, quand un éboulement recouvre les galeries, quand les ouvriers négligent la consigne, ne pas avancer de plus de 1 mètre sans boiser, quand le sort enfin s'en mêle, un coup d'eau, un coup de grisou, un coup de poussière.

À la fin du XIXe siècle, le bilan épouvantable fait état d'un mort par jour sur l'ensemble des bassins français. Au début du XXe siècle, l'ampleur d'une catastrophe comme celle de Courrières fausse évidemment les statistiques. De nos jours, alors que les bilans se traitent à l'échelle mondiale, ils n'en sont que plus impressionnants : onze mille victimes par an pour neuf millions quatre cent mille mineurs.

D'inondations en éboulements, de coups de poussière en fausses manœuvres, évoquer la mine, c'est énumérer les dangers qui la menacent. De tous ceux-là, le plus redoutable, le plus meurtrier, le plus difficile à combattre est le grisou, ce gaz inflammable mais inodore et incolore, constitué essentiellement de méthane. S'il est pur, il brûle paisiblement avec une flamme livide ; mélangé à l'air, dans une proportion de 6 p. 100 à 16 p. 100, la moindre étincelle le fait exploser. Un coup de pic, et c'est alors la détonation terrible qui soulève et enflamme les poussières explosives de charbon, c'est en retour le coup de poussière qui, à raison de 20 mètres par seconde, balaie les galeries comme le ferait un cyclone souterrain.

Autrefois, pour déceler l'oxyde de carbone, les mineurs employaient la technique du canari emmené au fond comme cobaye : pas de grisou, il chante ; du gaz, il meurt. De même, en réglant la flamme de leur lampe du maximum au minimum, les plus expérimentés d'entre eux décelaient et même évaluaient la teneur en grisou. Puis on en vint à la lampe de sûreté et au système des *arrêts-barrages** Taffanel, de grandes planches en équilibre instable recouvertes de particules stériles qui basculaient au moindre souffle. Enfin, en 1951 fut créé le Cerchar[20], un centre de recherches et d'études spécialisé dans la sécurité des mines qui, d'explosions programmées en ventilations diverses, d'injections d'eau en grisoumètres, permit un réel progrès, confirmé dans les années 80 par l'arrivée de l'informatique.

Aujourd'hui, dans les mines, ce sont des ordinateurs qui renseignent sur la qualité de l'air confiné à 1 200 mètres de profondeur, et des télévigiles qui signalent les anomalies. Simultanément, des équipes de sauvetage parcourent les galeries, et des simulations de secours ont lieu cinq fois par an. Il n'empêche, rappelez-vous, en France, c'est encore le grisou qui avait fait, à 7 h 20 du matin, vingt-deux victimes au puits Simon 5, de Forbach. C'était quand ? Hier, le 25 février 1985.

Les grisoumètres électriques apparaissent dans les mines dès 1937. Un premier système de contrôle centralisé est installée à la fin des années 60 à Sainte-Fontaine, en Lorraine. Bientôt, des capteurs associés permettent aussi de mesurer le monoxyde de carbone. Plus que jamais, aujourd'hui, être mineur, c'est d'abord respecter des normes de sécurité.

20. C'est un an après la nationalisation que Charbonnages de France crée le Cerchar, un centre d'études et de recherches liées au charbon et à son exploitation. Installé à Verneuil-en-Halatte, dans l'Oise, il emploie jusqu'à sept cents personnes, des scientifiques, des médecins, des ingénieurs et des techniciens dont la principale préoccupation est la sécurité des mineurs.

DANGER GRISOU

CHAPITRE IX

À LA GUERRE, COMME À LA GUERRE

Le 24 août 1914, les troupes allemandes de l'armée Von Kluck, en passant par Orchies, occupent le Pas-de-Calais. Le front, qui s'installe suivant une ligne allant de Noyon à Nieuport, coupe en deux le bassin houiller.

À l'Est, les mines occupées par l'ennemi sont noyées, les installations sabotées. Que craint-on ? Une infiltration de troupes ou d'espions alliés par les galeries souterraines. À Dourges, l'occupant pille les magasins avant de dynamiter les galeries. À Meurchin, à Carvin, ce sont les bombardements alliés qui ne parviennent pas à éviter les chevalements. Certaines mines, comme celles de Courrières, continuent d'être exploitées pendant une partie du conflit, entre deux offensives, un jour oui, l'autre pas, avec une main-d'œuvre réduite par la mobilisation. Dans la région de Lens, c'est le chaos. Billy, Montigny et Sallaumines sont rayés de la carte. Rien n'est épargné, ni les cuvelages, ni les chaudières, ni le réseau de chemin de fer.

À l'Ouest, la zone restée française continue vaille que vaille à fournir du charbon, dans des conditions précaires quand il faut – comme au temps jadis – descendre par des échelles et commencer par déblayer les éboulements dus aux bombardements. Selon leur éloignement du front, les puits connaissent des fortunes diverses. Au sein d'une même compagnie, certaines fosses sont encore actives, quand d'autres sont déjà occupées. À Nœux, à Vicoigne, on

1918 Fosse ~~N° 15~~ {Maurice Tilloy} N°15 Pl. XXVII

Au second plan le Village de Loos-en-Gohelle.

Lors de la débâcle, les fosses occupées par les Allemands sont sabotées. À Courrières, fleuron du bassin, il ne reste rien des onze sièges, des cent soixante chaudières et du réseau de chemin de fer qui relie entre elles les unités. Quant à la fosse Maurice-Tilloy, dite fosse 15 des mines de Loos, elle n'est plus qu'un amas de ferraille.

MINEURS, J'AI BESOIN DE VOUS

arrête le travail lors des offensives pour le reprendre ensuite grâce aux populations réfugiées des zones envahies. À Bruay, les installations qui jouissent d'une position stratégique sont réquisitionnées par l'état major : le carreau devient champ de bataille. À Béthune, la ligne de front traverse en partie la concession. Résultat : la fosse 8 est aux mains de l'ennemi, la fosse 5 trop proche des combats est abandonnée, mais à 500 mètres de là on continue l'exploitation, de nuit, sans lumière, sous une avalanche de cinq mille obus à gaz. Imaginez alors en coupe : les poilus en haut dans les tranchées, les gueules noires en bas dans la fosse. Imaginez encore, mais ce n'est pas de la fiction : on perce

Dans les tranchées, on entonne La Madelon, *dans les "caf'conc'", on chante la goualante du charbon : "Pauvre mineur ! La mine est sa demeure". La catastrophe de Courrières n'en finit pas d'alimenter la chanson populaire.*

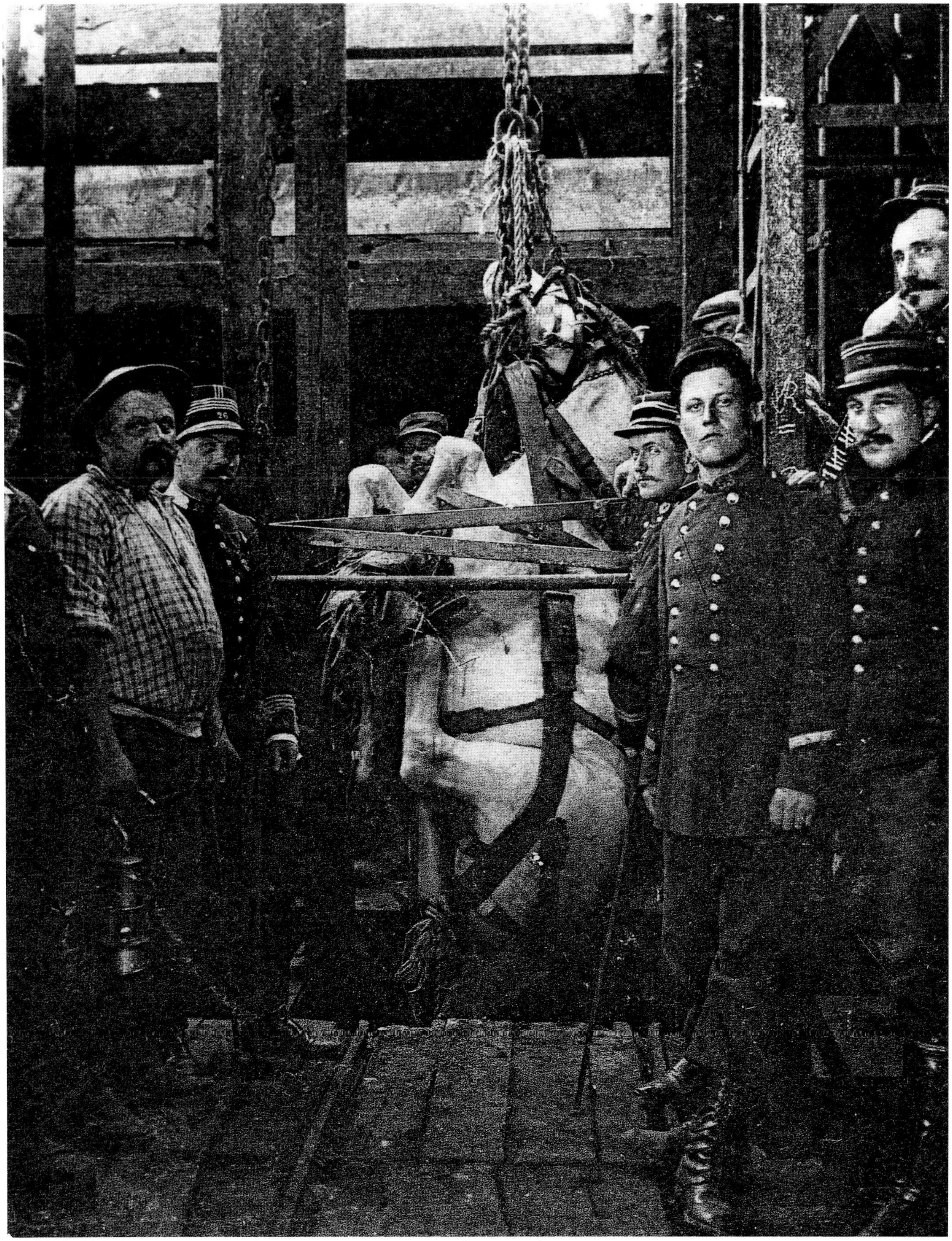

Tandis que la ligne de front coupe en deux le bassin du Nord et du Pas-de-Calais, les mines du Sud de la France continuent, vaille que vaille, de tourner. Ici, en 1917, à Montceau-les-Mines, la descente d'un cheval sous la protection de la troupe.

une nouvelle galerie, deux puits se rejoignent, d'un côté les Français, de l'autre des Allemands. Rencontre.

En 1916, l'occupant s'est rendu maître de dix-sept compagnies, soit au total cent onze puits. Les corons sont devenus des villes de garnison tandis que les fosses, éloignées du front, ont été rouvertes sous la tutelle des autorités allemandes. Dans la zone restée française, c'est un désastre, les obus qui tombent, les villes qui s'effondrent sous les bombes, les chemins de fer qui sont pilonnés par l'aviation et les populations qu'on évacue. Exode.

LES SOLDATS DE L'ABÎME

Mais Paris et la France réclament du charbon. L'hiver est glacial, les usines doivent tourner. "J'ai besoin de vous", supplie Georges Clemenceau. Alors comme un seul homme, voilà les mineurs qui se lèvent pour exploiter à tout va : on descend quand on peut, on abat jusqu'au surmenage, on se transforme en terrassier pour doubler les voies ferrées. Dans ce tumulte, ce sont quatre mille wagons qui quittent chaque jour la région, bataille du rail, bataille du charbon, soldats de l'abîme, soldats tout court. "Mineurs, je vous remercie", dira simplement Clemenceau.

Détail ? On ne l'ignore pas, à la fin de la guerre, le Nord de la France n'est plus qu'un amas de ruines tandis que la production de charbon a doublé avec un effectif réduit de moitié. Mais le sait-on ? Sous l'effet conjugué des pilonnages et de cette exploitation intensive, le sous-sol du Pas-de-Calais s'est, quant à lui et définitivement, affaissé… de 1 mètre.

Quelques mois avant la Grande Guerre, un groupe de mineurs, un jeune galibot au premier plan, pose devant la fosse Sainte-Élisabeth des mines de Lens. L'année suivante, la plupart seront mobilisés. Beaucoup ne reviendront pas.

"Des quatre exploitations houillères du Pas-de-Calais restées en notre possession, Marles, Bruay, Nœux et Béthune, deux seules sont exposées aux ravages de l'artillerie ennemie. Bruay et Marles sont à une distance supérieure à 30 kilomètres de la ligne de front, le travail y est donc régulier, il est même supérieur à ce qu'il était avant guerre. Il n'en est pas de même des puits de mines de Béthune. Impossible d'y travailler de jour. À tout instant, les avions ennemis viennent survoler l'exploitation. Le mineur, aux mines de Béthune, vit dans de perpétuelles angoisses. À dire vrai, il se soucie peu des bombes et ne demanderait pas mieux que de rouler ses wagonnets de houille sur les voies de l'extérieur, si cela n'était matériellement impossible. À la moindre alerte, les canons allemands, qui suivent pas à pas tous les faits et gestes de l'exploitation, commencent à tonner."

LECTURES POUR TOUS[21]

21. 15 juillet 1917.

JULES MOUSSERON, LE MINEUR POÈTE

"L'œil éteint, s'vieill piau tout'jonne
I'n'est point gai, l'vieux mineur
Eun'fichelle artient s'marronne,
Et cha n'annonc'point l'bonheur"

(" L'œil éteint, sa vieille peau toute jaune,
Il n'est point gai le vieux mineur :
Une ficelle tient son pantalon,
Et ça n'annonce pas le bonheur.")

L'VIEUX MINEUR

C'est à la fosse Renard, rendue célèbre par Émile Zola et **Germinal**, *que travaille Jules Mousseron, le plus célèbre des poètes de la mine. Il y entre à l'âge de douze ans. Il en sort en 1918 pour prendre sa retraite. Entre-temps, et sans jamais quitter son pic, il parcourt les corons et présente ses œuvres. Sa silhouette, souvent reproduite par les illustrateurs et les peintres, est aussi connue que son héros, Cafougnette. Mousseron n'est pas seulement une vedette locale. On le réclame à Paris, en Belgique et en Allemagne, où il se produit.*

Paris avait Zola et *Germinal*. Le pays noir aura Mousseron et son héros, Cafougnette, sorte de Tartarin du Nord, qui s'exprimait en "rouchi", le patois valenciennois.

Jules Mousseron, fils de mineur, "desquindu lui-même à l'fosse Renard", naît à Denain en 1868. "Déballeux d'balles" à l'âge du certificat d'études, il est raccomodeux jusqu'à sa retraite en 1918, malgré un accident de travail qui, à seize ans, le blesse sérieusement à la hanche, mais ne l'exempte pas des trois ans de service militaire.

Dès l'adolescence, Mousseron troque chaque soir son pic contre sa plume. En 1887 paraît son premier ouvrage, *Fleurs d'en bas*, qu'il vend au porte-à-porte dans les corons, vêtu de ses loques ed'fosse, ou qu'il lit, le dimanche, en tenue de travail, devant des assistances improvisées. Le succès est immédiat.

Désormais, sa frêle silhouette en sabots, avec son jupon, sa barette et son béguin, connaît un extraordinaire rayonnement. Tout en continuant à travailler à la mine, à habiter au 34, rue de Vilars, cité Jean-Bart, Mousseron se produit hors de la région, en Belgique, en Lorraine et en Sarre, terres de mine, mais aussi à Paris où ses *Coups de pics et coups de plume* font connaître, mieux que certains reportages, la condition minière avant et après la Première Guerre mondiale. De *Croquis de charbon* à *Mes dernières berlines*, en passant par *Le Pays des corons* et *Éclats de gaillettes*, c'est toute la gloire de la mine dont il se fait le héraut. La Compagnie d'Anzin qui l'emploie surfe sur sa popularité. Ce mineur insolite qui respire la joie de vivre devient son meilleur propagandiste : Jules Mousseron anime des soirées de bienfaisance au profit des malades et des blessés et reçoit dans son modeste logement, un des premiers du coron à être équipé de l'électricité, des hommes politiques et des écrivains comme Casimir Perier ou Rosny Ainé, l'auteur – n'y voyez pas d'allusion – de *La Guerre du feu*.

De son vivant, Jules Mousseron connaît tous les honneurs, les palmes académiques et la Légion d'honneur. Sa petite silhouette frêle, son visage buriné encadré d'une longue barbe blanche, sont reproduits sur des buvards, des assiettes, du savon qui porte son nom, des pipes et du tabac, tandis que Cafougnette, géant de carton-pâte, est de toutes les fêtes, de toutes les ducasses[22]. En 1943, les funérailles de Mousseron sont à l'image de son œuvre, chaleureuses et émouvantes. Derrière l'Harmonie des mineurs, une foule immense suit le cercueil. En avant du corbillard, un tout jeune homme pleure, son dernier galibot qui porte sa lampe et sa barrette…

Mousseron, superstar ? De fait, on donnera par la suite, dans le Valenciennois, son nom à des écoles, à des lycées, à des rues… Sa célébrité n'aura porté ombrage qu'aux autres poètes de la mine, aujourd'hui oubliés. Pour mémoire : Aimable Lucas, auteur de *La Muse d'un Noir*, mort en 1907, à l'âge de vingt-neuf ans, dans un éboulement, Achille Saletski, d'origine polonaise, auteur d'*Apollo dins l'carbon*, Arthur Chardon, piqueur à Méricourt qui écrivit en 1910 *Les Chants d'un mineur*, et Abel Pentel, conducteur de travaux aux Mines de Bruay, qui publia en 1929 *Les Bluettes du Pays noir*.

22. *Fêtes populaires du nord de la France.*

1596

8ᵉ 68 n° 4187

MINES D'ANZIN

SECRÉTARIAT GÉNÉRAL

LIVRET N° 874944

CAISSE NATIONALE DES RETRAITES
POUR LA VIEILLESSE

Fosse Renard Reg. E. F° 170

Nom du Déposant Mousseron

Prénoms Jules

Profession mineur Domicile Denain

Né le 1er Janvier 1868 à Denain

Arrondt de Valenciennes Départt du Nord

Nom de la Femme Blottiau

Prénoms Adélaïde

Née le 6 Février 1871 à Denain

Arrondt de Valenciennes Départt du Nord

Entrée en Jouissance de la Rente

Modèle N° 294

Du Déposant		De sa Femme	
AGE	ÉPOQUE	AGE	ÉPOQUE
50 ans	1er Avril 1918	50 ans	1er Avril 1921

Le mineur et le pigeon ? Leur histoire d'amour commence en Belgique et se perpétue dans le Nord et le Pas-de-Calais, quand les premières mines accueillent des ouvriers wallons. Elle se conforte durant la Première Guerre mondiale, quand les pigeons voyageurs sont largement utilisés dans les transmissions. Il existe encore aujourd'hui, dans les anciennes communautés minières du Nord, trois cent quatre-vingts associations de "coulonneux", dont celle des mines de Dourges, photographiée ici.

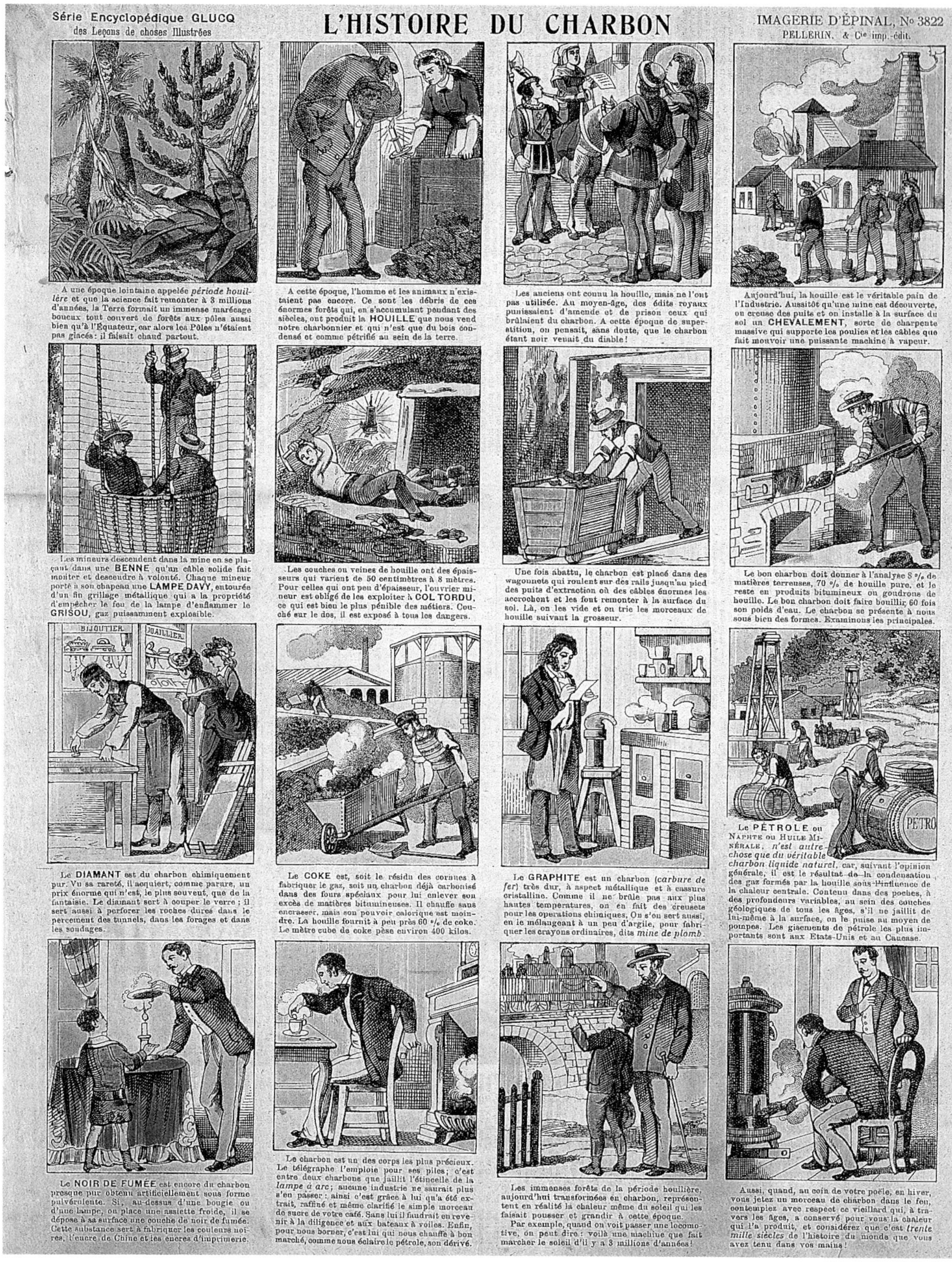

Expliquer le charbon aux enfants ? La fameuse imagerie d'Épinal s'y emploie au début du XXe siècle sous forme de bande dessinée. Tout ce que l'on connaît alors de la houille est retracé en seize illustrations, des débris primitifs glanés dans les forêts à l'utilisation domestique. Elle se borne, à l'époque, au "noir de fumée" qui sert à fabriquer l'encre d'imprimerie, aux amalgames qui entrent dans la fabrication des piles du télégraphe, aux boulets qui alimentent les poêles.

SOCIÉTÉ DES MINES DE CARMAUX

RENSEIGNEMENTS FOURNIS PAR L'OUVRIER A L'EMBAUCHAGE

SERVICE D'EMBAUCHAGE

Nom Huc Prénoms Emile Benjamin Marius
Né le 7 février 1909 à Garric
Fils de Emile Pierre et de Durand Maria
Nationalité f. Etat civil C.
Marié le / à
avec née le
Domicile Pont-de-Blaye

1169-6/27

NOMBRE d'enfants	PRÉNOMS	SEXE	DATE DE NAISSANCE	LIEU DE NAISSANCE	DATE DU DÉCÈS	OBSERVATIONS
1						
2						
3						
4						
5						
6						
7						
8						
9						
10						

Entré à la Société des Mines avec ou sans contrat le 28 Décembre 1928 N° Mle 18.591
Lieu de travail S. Marie, Profession a-pos voies

Situation militaire

CLASSE	SERVICE	ARME	INCORPORATION	LIBÉRATION	GRADE	DÉCORATIONS	BLESSURES	PENSION	

Situation avant l'embauchage : Profession boulanger Lieu Toulouse
Visite médicale à l'embauchage : Date 27 Décemb. 1928 Appréciation du médecin Légère pointe de hernie des deux côtés, légère scoliose, strabisme convergent, 61 K. apte
Références : frère de Huc Jean, Mle 18511 SM, et neveu de Huc

Carte d'identité
Délivrée par la Préfecture de
N°
Année de la délivrance
Profession inscrite sur la carte

Autres documents
Nom et Siège de l'Office public de placement qui a délivré le certificat
Date et N° du certificat

CARMAUX, le 27 Décembre 1928

VISA DU SERVICE D'EMBAUCHAGE

Proposition de Nomination
pour Monsieur HUC Zacharie, Jules
Employé au Service de la Tronquié

		OBSERVATIONS
Agé de :	34 ans	Né à Gaillac
Entré à la Cie le :	1er Décembre 1900	le 12 Décembre 1883
Comme :	Manoeuvre	
Fonction actuelle :	Boutefeu	
Appointements en régie :	4,75 (correspondant par an à 1425 Fr.)	
Appliqués depuis le :		
Fonction proposée :	Porion	
Appointements mensuels :	150,00 (correspondant par an à 1800 Fr.)	
Applicables à dater du :	1er Avril 1918	

Carmaux, le 22 Mars 1918
Le Directeur général,

Approuvé par le Conseil d'Administration en séance du 11 Avril 1918
LE SECRÉTAIRE DU CONSEIL

On est mineur de génération en génération, et la promotion se fait au mérite. En 1928, Zacharie Huc, qui a gravi, à La Tronquié, tous les échelons de la mine, de manœuvre à porion, recommande à l'embauche son neveu Émile, ancien boulanger que la crise a réduit au chômage. Malgré une "légère pointe de hernie, une légère scoliose et un strabisme convergent", Émile Huc rejoint la mine.

MARTEAU PIQUEUR ET SILICOSE

Après-guerre, la véritable révolution dans la mine, c'est l'arrivée du marteau piqueur, que les mineurs du Nord surnomment "le saxophone à pointe". Le changement, dans le travail, est radical : on regroupe les petites équipes, et les ouvriers sont désormais alignés sur la ligne de taille, dans un vacarme épouvantable qui rend imperceptibles les bruits autrefois familiers, le craquement du bois ou le bruissement des gaz annonciateurs d'accidents. Ils sont alors une quarantaine d'abatteurs qui avancent au même rythme, on déhouille vite, on ne boise plus comme avant, des couloirs oscillants emportent le charbon. Résultat, le métier perd en solidarité ce qu'il gagne en efficacité. L'homme est devenu une machine comme les autres.

Le marteau piqueur et les nouveaux procédés d'abattage produisent, par ailleurs, beaucoup de poussière. Le "coup de bowette", cette maladie due aux particules de silice, se propage d'autant. La silicose, qu'on identifie en 1915, fait des ravages. À l'âge de quarante-cinq ans, après trente années de fond, le mineur, autrefois solide comme un roc, est un infirme en sursis. L'évolution lente du mal cache longtemps sa gravité : l'homme commence par tousser, puis il s'essouffle, incapable de se promener longtemps, de se livrer à ses menus travaux. Il finit allongé, la tête et le buste rehaussés par trois oreillers. "Et quel que soit le temps, dit l'un d'entre eux, on a toujours froid."

Entre les deux guerres, les syndicats interviendront à plusieurs reprises pour faire reconnaître la silicose comme maladie professionnelle. Il faudra attendre 1946 et la nationalisation pour qu'ils obtiennent gain de cause.

CHAPITRE X

LES PETITES POLOGNE

Les Polonais ? C'est en 1912 que l'on assiste, dans les mines françaises, à une première arrivée de deux mille ouvriers polonais, sous l'impulsion du prince Witold Czartoryski, émigré politique devenu administrateur des Mines d'Aniche. Venus pour la plupart de Westphalie, ils débarquent dans le Nord et le Pas-de-Calais, à Lallaing et à Billy-Montigny, avec femmes et enfants. Certains sont des mineurs de fond expérimentés, d'autres des journaliers agricoles qui, les moissons terminées, se tournent vers le charbon. Ils parlent allemand. La guerre est proche. On s'en méfie, on les appelle les "Boches". Partie remise.

En 1919, il faut bien, dans les compagnies minières aussi, remplacer les ouvriers morts à la guerre, les invalides qui n'ont pas pu reprendre le chemin de la taille. Une convention, signée le 3 septembre à Varsovie, favorise une seconde vague d'émigrés, poussés hors de leur pays par la misère et une démographie galopante. Une commission française qui aura, par la suite, droit de regard sur ce contingent, est chargée des préliminaires. Les ouvriers sont sélectionnés en Silésie, dans des camps de transit ; le voyage s'effectue en train via la Tchécoslovaquie, ou par bateau de Gdynia à la mer du Nord ; le tri se fait à Toul ou sur le port du Havre. Où vont-ils, ensuite, ces hommes chargés de baluchons, les uns traînant derrière eux un petit chariot à bras, les autres portant un matelas ? Quand ils franchissent la frontière, ils l'ignorent encore. Un carton accroché au revers de leur veste est chargé de le leur apprendre. Certains, les plus nombreux, sont dirigés vers le Nord et le Pas-de-Calais où leurs compatriotes formaient déjà, avant-guerre, une communauté solidaire ; d'autres sont orientés vers la Moselle pour remplacer à terme la très forte main-d'œuvre piémontaise, les "Braccianti", jugés instables ; quelque trois cents échouent dans les bassins de la Loire. Pour le reste, on les informe qu'ils toucheront, quelle que soit la

Entre les deux guerres, la mine se heurte à un double problème : la modernisation nécessaire et le manque de main-d'œuvre. On fait appel à l'émigration. En 1926, les Polonais composent, tous bassins confondus, 49 p. 100 de l'effectif du fond. Tous ne sont pas mineurs de profession. Il faut les former à l'abattage comme au moulinage, qui s'exerce désormais à partir d'un poste de contrôle, muni d'une sorte de "gouvernail".

région, 15 francs par jour, l'équivalent du salaire d'un ouvrier français, et que "l'établissement assurera les soins médicaux et les médicaments moyennant une retenue de 2 p. 100". En principe, leur voyage est pris en charge par les compagnies minières. Beaucoup auront la surprise de devoir, plus tard, le rembourser, quinzaine par quinzaine, à concurrence de 660 francs.

Les critères d'embauche appartiennent aux priorités de l'époque. Mineurs de fond ? Pas forcément. Tous les ouvriers vont être formés sur place, au sein d'une équipe mixte constituée d'un Français et de deux Polonais. Francophones ? Peu importe si, du moins, ils savent lire, puisque tous les avis placardés le seront désormais dans les deux langues. Syndicalistes ? Éventuellement, à l'exclusion des ouvriers originaires de la région de Dabrowa, jugés trop contestataires. Chétifs ? Pulmonaires ? Variqueux ? Femmes enceintes ? Pas question. Résultat : la plupart des ménages ne résistent pas à la sélection, le mari part, la femme n'est pas autorisée à le suivre. Elle viendra plus tard avec les enfants, voire les grands-parents, quand le pécule économisé, déposé dans des banques polonaises, permettra de l'envisager.

LA NOSTALGIE SLAVE

En 1926, les mineurs polonais composent, tous bassins confondus, 49 p. 100 de l'effectif du fond. Dans le Nord, on les retrouve à Ostricourt, dans l'Est à Petite-Rosselle, dans le Gard à La Grand Combe, dans le Tarn à Cagnac et à Carmaux, dans l'Aveyron à Cransac et à Decazeville. Cinq ans plus tard et quelques convois de plus, sur les quatre cent mille Polonais arrivés en France, 37,5 p. 100 d'entre eux travaillent dans le charbon. Dans le seul Nord-Pas-de-Calais, ils sont quatre-vingt mille. À Marles-les-Mines, ils composent plus de 70 p. 100 de la population.

En attendant d'en arriver là, on vit à plusieurs dans un même baraquement où étaient hébergés naguère les prisonniers de guerre, une seule salle, cinquante lits de camp, une petite cantine, un unique baquet pour tous les hommes, les femmes et les enfants à part, à l'autre bout de la "colonie". Les mieux lotis partagent à plusieurs familles des logements en dur, construits pour l'occasion, comme la cité des Homps à Cagnac, pas d'eau jusqu'en 1931, pas d'électricité jusqu'au Front populaire. Quelques meubles prêtés par la compagnie, de l'escaillage pour

1925. Arrivée depuis peu dans le Nord, une famille polonaise pose devant la maison qui lui a été attribuée, cité de la Chapelle. Comme souvent, le père est arrivé en éclaireur et a dû travailler plusieurs mois avant de pouvoir faire venir sa famille. Une fois installés, de nombreux mineurs polonais opteront pour la nationalité française.

La venue, après-guerre, des Polonais, n'est pas tout à fait une première. Déjà, en 1912, deux mille d'entre eux étaient venus renforcer les effectifs de la mine, mais la guerre les avait contraints à rentrer au pays. Leurs qualités professionnelles avaient eu le temps d'être reconnues. Le mineur polonais, formé dans les mines de Westphalie, n'ignore rien de ce métier très technique qui requiert robustesse et courage.

"Une fois les passeports reçus, j'ai appris que notre départ pour la France aurait lieu sous quarante-huit heures. J'ai vite vendu ma chèvre, mes poules et ce qu'on ne pouvait pas emporter avec soi [...]

" Le 22 septembre 1923, nous nous sommes rendus à Duisbourg [...] Là, le soir, se forma un train spécial pour six cent cinquante à sept cents personnes. À Toul, nous sommes restés deux jours. On nous a donné à manger et 10 francs par famille pour la route [...] C'est là que nous avons reçu nos papiers et connu notre affectation, la Compagnie des mines de Bruay [...]

" Le lendemain, à midi, nous sommes arrivés dans le bassin houiller [...] Comme il était tard, nous nous sommes immédiatement couchés, à deux par lit, prenant deux couvertures pour nous protéger [...] Nous ne voulions pas rester dans les baraquements où régnait une atmosphère suffocante à cause du chlore dont on avait badigeonné les murs [...] À la fin, un de nos interprètes polonais a trouvé des maisons éloignées de 9 kilomètres de nos lieux de travail [...] Chaque famille fut installée dans une maison de trois pièces, avec une cour, une étable pour les porcs, un poulailler ainsi qu'un petit jardin [...] Un des mineurs français tenait boutique et notre interprète lui demanda de nous donner des marchandises à crédit jusqu'au jour de la paye [...]

" Tous les jours, le train de la mine nous emmenait à Bruay et nous ramenait chez nous. C'était pénible, surtout en hiver [...] Je travaillais à l'extraction ; mes deux garçons, âgés de quinze et dix-sept ans, poussaient des berlines à charbon."

POLONAIS MÉCONNUS[23]

23. Janine Ponty, Publications de la Sorbonne, 1988.

Raymond Kopaszewski, plus connu sous le nom de Raymond Kopa, est le fils d'un mineur polonais qui a rallié le Pas-de-Calais après la Première Guerre. Le futur prodige du ballon rond naît à Nœux en 1931. À l'âge de quatorze ans, il dribble entre charbon et football, entre à la mine et s'inscrit simultanément comme joueur amateur à l'Union sportive de son coron. Quatre ans plus tard, son choix est fait. Ce sera le ballon rond. En attendant, il est victime d'un léger accident. "Cas imprévu", note son délégué…

se chauffer et du crédit chez l'épicier : c'est, au début des années 20, la complainte du mineur polonais, dont chacun s'accorde à reconnaître l'endurance à la tâche, le courage devant l'adversité, et l'idéal patriotique…

C'est que la nostalgie slave est toujours ce qu'elle était, un souvenir diffus d'hivers interminables, de forêts de bouleaux sous la neige, de mariages bénis par la vierge noire de Czestochowa, dont l'image pieuse trône désormais dans les corons. Dans l'immense majorité, l'ouvrier polonais est venu en France gagner de l'argent avec l'arrière-pensée de retourner ensuite au pays natal. Comme pour le paysan français autrefois, la mine est pour lui un pis-aller, une source de revenus, une assurance, tous risques inclus, sur la misère. Le contrat qu'il a signé, il le respecte à la lettre, sous réserve pour la compagnie de tenir ses propres engagements, le maintien de sa culture, de sa langue

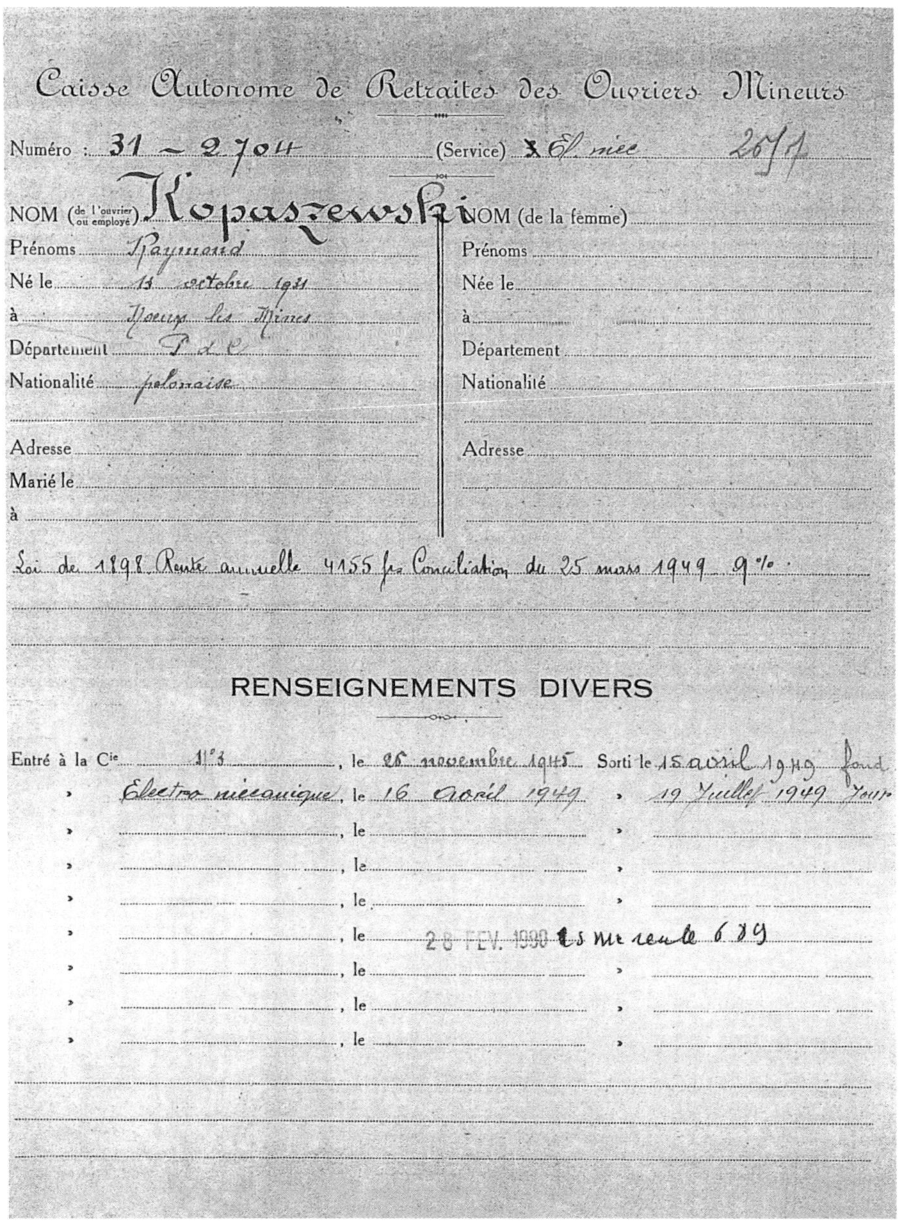

Caisse Autonome de Retraites des Ouvriers Mineurs

Numéro : 31 – 2704 (Service) 3 El. méc 2011

NOM (de l'ouvrier ou employé) Kopaszewski NOM (de la femme)

Prénoms Raymond Prénoms

Né le 13 octobre 1931 Née le

à Nœux les Mines à

Département P. d. C. Département

Nationalité polonaise Nationalité

Adresse Adresse

Marié le

à

Loi de 1898 Rente annuelle 4155 frs Conciliation du 25 mars 1949 9 %.

RENSEIGNEMENTS DIVERS

Entré à la Cie N° 3, le 26 novembre 1945 Sorti le 15 avril 1949 fond

» Electro mécanique, le 16 avril 1949 » 19 Juillet 1949 Jour

» , le »

» , le »

» , le »

» , le 28 FEV. 1990 [illegible] rente 689

» , le »

» , le »

» , le »

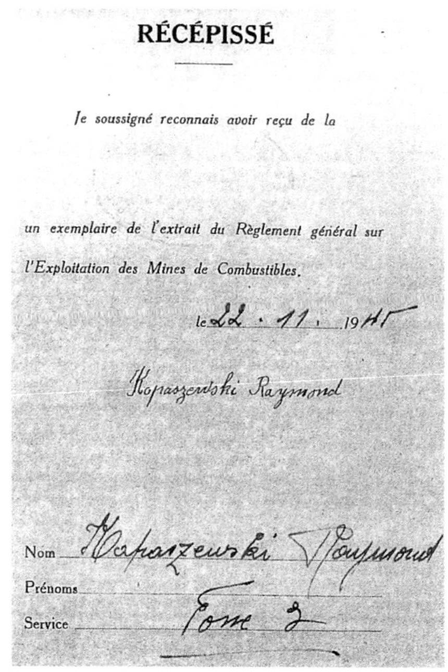

RÉCÉPISSÉ

Je soussigné reconnais avoir reçu de la

un exemplaire de l'extrait du Règlement général sur l'Exploitation des Mines de Combustibles.

le 22 · 11 · 1945

Kopaszewski Raymond

Nom Kopaszewski Raymond

Prénoms

Service Jour 2

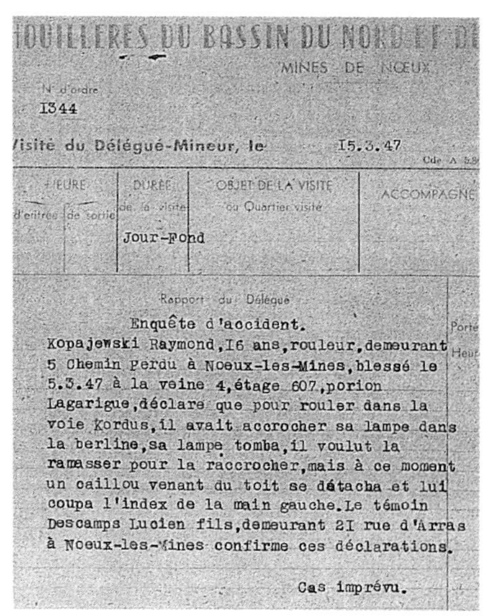

HOUILLÈRES DU BASSIN DU NORD ET DU PAS-DE-CALAIS

MINES DE NŒUX

N° d'ordre 1344

Visite du Délégué-Mineur, le 15.3.47

Heure d'entrée	Heure de sortie	Durée de la visite	Objet de la visite ou Quartier visité	Accompagné
			Jour-Fond	

Rapport du Délégué

Enquête d'accident.
Kopajewski Raymond, 16 ans, rouleur, demeurant 5 Chemin Perdu à Noeux-les-Mines, blessé le 5.3.47 à la veine 4, étage 607, porion Lagarigue, déclare que pour rouler dans la voie Kordus, il avait accrocher sa lampe dans la berline, sa lampe tomba, il voulut la ramasser pour la raccrocher, mais à ce moment un caillou venant du toit se détacha et lui coupa l'index de la main gauche. Le témoin Descamps Lucien fils, demeurant 21 rue d'Arras à Noeux-les-Mines confirme ces déclarations.

Cas imprévu.

et de ses croyances. Dans le Nord, en Moselle, dans l'Albigeois comme dans la Haute-Loire, les "petites Pologne", cités construites à l'intention des Polonais, obtiennent leurs églises, leurs écoles, leurs cabarets, et la diffusion de leurs propres journaux dont *Narodowiec* et *La Voix de l'émigré*. Une dizaine de prêtres, quelque cent dix instituteurs, des interprètes et des commerçants, payés par la compagnie, contribuent à entretenir leur particularisme. Ces hommes robustes qui travaillent dur ne sont pourtant pas à l'abri des licenciements. Une crise, comme le krach de 1929, une grève, comme celle qui secoue, en 1934, les mines de Leforest, une montée de xénophobie, et c'est une colonie entière qui doit déménager. Antoine de Saint-Exupéry, qui assiste, de nuit, à l'un de ces départs précipités, raconte : "Les voitures de troisième classe abritaient des centaines d'ouvriers polonais congédiés de France [...] Tout un peuple enfoncé dans les mauvais songes et qui regagnait la misère [...] Hommes, femmes, enfants [...] arrachés à la petite maison du Nord, au minuscule jardin, aux trois pots de géranium que j'avais remarqués autrefois à la fenêtre des mineurs. Ils n'avaient rassemblé que les ustensiles de cuisine, les couvertures et des rideaux, dans des paquets mal ficelés et crevés de hernies[24]."

Entre 1931 et 1936, ce sont ainsi 129 819 émigrés polonais qui prennent le chemin du retour, parmi lesquels Édouard Gierek, futur président de la Pologne socialiste, matricule E 1595, qui avait été embauché en 1926, à l'âge de quatorze ans, aux Mines d'Ostricourt. D'autres, avec l'arrivée de la Seconde Guerre mondiale, adoptent définitivement la France, mais se regroupent spontanément au sein des

Soixante-dix ans après leur arrivée en France, les Polonais venus travailler en France continuent de pérenniser leurs traditions. Onze ans après la fermeture du bassin Nord-Pas-de-Calais, les "Sokols", associations sportives et culturelles polonaises, continuent d'entretenir la nostalgie slave. Ici, un groupe de danseurs folkloriques de Carvin.

24. Terre des hommes, *Gallimard, 1939.*

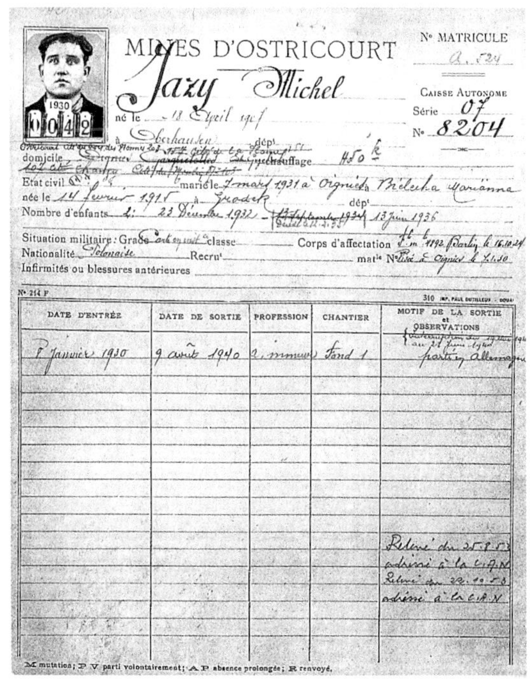

MINES D'OSTRICOURT

N° MATRICULE a. 524

Jazy Michel

CAISSE AUTONOME
Série 07
N° 8204

né le 18 Avril 1907
à Oberhausen dép

domicile Oignies — chauffage 450 k

Etat civil — marié le 7 mars 1931 à Oignies à Bilecka Marianna
née le 14 février 1915 à Grodek dép
Nombre d'enfants 2 : 23 Décembre 1932 — 13 juin 1936

Situation militaire : Grade — classe — Corps d'affectation
Nationalité Polonaise Recru — mat N°
Infirmités ou blessures antérieures

N° 214 F — 310 IMP. PAUL DUTILLEUL — DOUAI

DATE D'ENTRÉE	DATE DE SORTIE	PROFESSION	CHANTIER	MOTIF DE LA SORTIE et OBSERVATIONS
7 janvier 1930	9 avril 1940	2. mineur	Fond 1	parti en Allemagne
				Relevé du 25.8.53 adressé à la C.A.N. Relevé du 22.10.53 adressé à la C.A.N

M mutation; P V parti volontairement; A P absence prolongée; R renvoyé.

La famille Jazy, originaire de Oberhausen, arrive en France après la Première Guerre mondiale, quand un accord signé avec la Pologne favorise la venue d'émigrés pour travailler dans la mine. Michel, le père, est affecté à Ostricourt, où il travaille de 1930 à 1940. C'est à Oignies, dans le coron, que naît en 1936 Michel Jazy fils, célèbre dans les années 60 pour avoir été à plusieurs reprises, et sur plusieurs distances, recordman de course à pied.

mêmes lotissements, cité Jeanne-d'Arc à Saint-Avold, cité des Bruyères à Blaye, cité du Vert-Chemin à Libercourt ou cité Notre-Dame à Waziers. "Chez Kozlowski, le bistrot de la fosse 5, y avait que des Polonais. Le soir, on jouait aux cartes et au billard. Le dimanche, on allait se faire couper les cheveux dans l'arrière-salle", raconte l'un d'eux, aujourd'hui retraité.

Les Polonais ? Par le vecteur de la mine, la France est devenue leur seconde patrie. La Pologne ? Elle est toujours là, dans leur cœur et dans leurs mœurs. Promenez-vous encore aujourd'hui dans un de ces lotissements qu'ils continuent d'habiter, vous n'y sentirez ni l'odeur du bouilli, ni celle de la potée, mais des effluves de kluski[25], de pierogi[26] et de chou rouge. Comme au temps de leur arrivée, les femmes continuent d'y broder la soie et les jeunes taquinent toujours le ballon rond. Les *Sokols*, ces sociétés de gymnastiques patriotiques, se sont, avec le temps, fondues dans une communauté plus vaste. Autrefois, rappelez-vous, c'étaient des pépinières desquelles sortirent Raymond Kopa, Jean Stablinski ou Michel Jazy.

"Allez vous-in prom'ner à l'cité Trente, chantait-on alors. Vous n'y verrez partout qu'd'es Polonais." Dans les cités polonaises, on entend aujourd'hui *Polonais, polonaise, une autre Marseillaise*. Cette chanson, signée Michel Robakowski, n'est pas une simple déclaration d'amour que ce fils et petit-fils de mineurs émigrés, né Cité de la fosse 5 à Barlin, adresse à la France, mais un hommage au pays minier qui a vu arriver ses ancêtres. "Un pays beau comme l'homme peut l'être", dit-il.

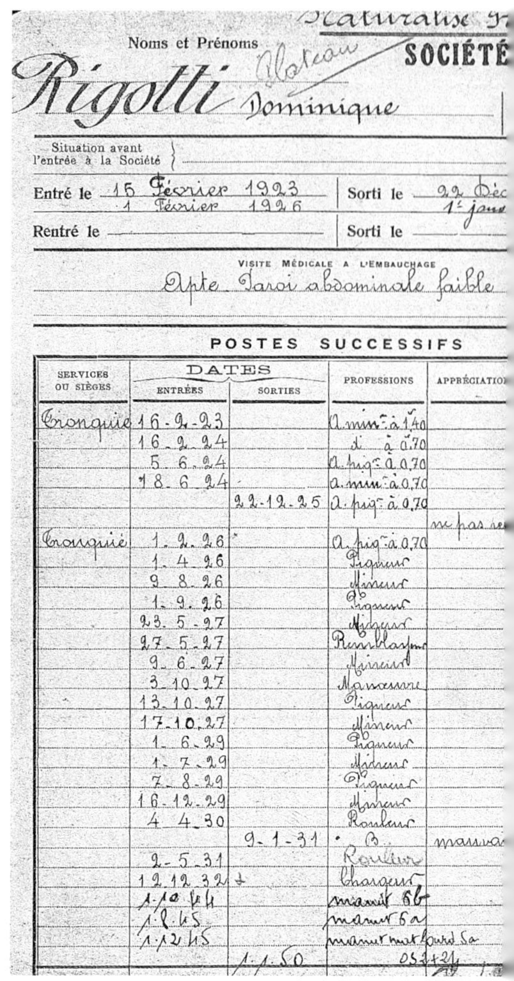
Naturalisé
Noms et Prénoms — SOCIÉTÉ
Rigotti Dominique
Situation avant l'entrée à la Société
Entré le 15 Février 1923 / 1 Février 1926 — Sorti le 22 Déc / 1er janv
Rentré le — Sorti le
VISITE MÉDICALE A L'EMBAUCHAGE
Apte Paroi abdominale faible
POSTES SUCCESSIFS

SERVICES OU SIÈGES	DATES ENTRÉES	DATES SORTIES	PROFESSIONS	APPRÉCIATIONS
[illegible]	16.4.23		a. min. à 1.40	
	16.2.24		d. à 0.70	
	5.6.24		a. pig. à 0.70	
	18.6.24		a. min. à 0.70	
		22.12.25	a. pig. à 0.70	ne pas [illegible]
[illegible]	1.2.26		a. pig. à 0.70	
	1.4.26		Piqueur	
	9.8.26		Mineur	
	1.9.26		Piqueur	
	23.5.27		Mineur	
	27.5.27		Remblayeur	
	9.6.27		Mineur	
	3.10.27		Manœuvre	
	13.10.27		Piqueur	
	17.10.27		Mineur	
	1.6.29		Piqueur	
	1.7.29		Mineur	
	7.8.29		Piqueur	
	16.12.29		Mineur	
	4.4.30		Rouleur	
		9.1.31	B.	mauvai[s]
	2.5.31		Rouleur	
	12.12.32		Chargeur	
	1.10.44		manœuv. 6b	
	1.1.45		manœuv. 5a	
	1.12.45		manœuv. [illegible] 5a	
		1.1.50		

C'est surtout dans les mines du Sud-Est et du Midi de la France que travaillent les Italiens. L'émigration piémontaise date du Second Empire et connaît par la suite plusieurs vagues successives plus ou moins organisées par des comités de sélection, plus ou moins acceptées par les mineurs locaux. Entre les deux guerres, de nombreux ouvriers italiens demanderont leur naturalisation.

LES MAROCAINS, AUSSI

"Si demain les Marocains partaient, il n'y aurait plus qu'à fermer." En 1975, ce sont cinq mille ouvriers marocains qui travaillent dans les mines françaises. À l'époque, le charbon, condamné à terme, ne doit son embellie qu'à la crise pétrolière. Des puits ont déjà fermé, les anciens mineurs ont tenté une reconversion, les jeunes quittent le métier. L'embauche est difficile.

On est allé les chercher dans le Sud marocain, du côté de Ouarzazate et de Taroudant. On les a amenés par bateaux et par train au prix d'une dérogation à l'arrêt de l'immigration. On n'a pris que les célibataires, les costauds et les bien-portant, ceux qui mesurent moins de 1,70 m, la taille idéale pour les galeries. On les a logés par chambre de trois ou de quatre avec cuisine, dans des baraquements en bois et des maisons préfabriquées. Ils exercent le plus souvent le métier d'abatteur, "le plus dur mais le plus beau". Ils ont un contrat de dix-huit mois, renouvelable. La plupart le renouvelleront plusieurs fois et finiront par intégrer des cités minières.

Après 1918, les départements d'outre-mer apparaissent comme un potentiel de main-d'œuvre à former sur place. Deux cents berbères de Kabylie embauchés à la hâte dans les mines du Nord ne font pourtant qu'un aller et retour, incapables de s'adapter au travail et au climat. Louis Antoine Mandery, originaire de Zertrata, près de Constantine, et dont les parents avaient tenté l'aventure coloniale, fera quant à lui le chemin inverse.

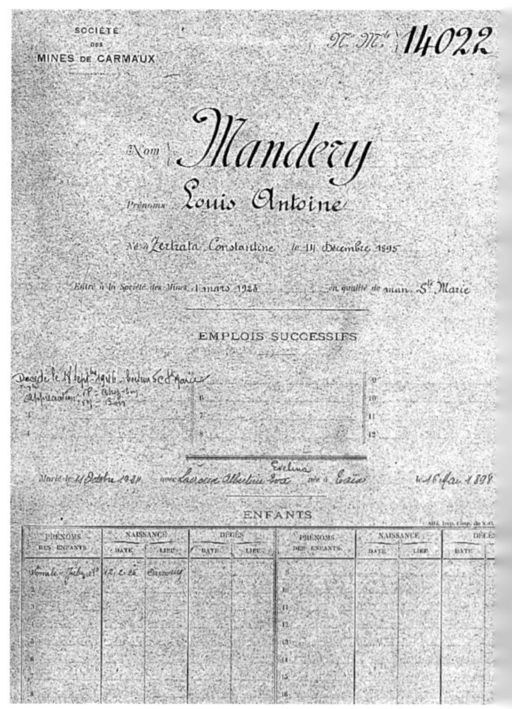
SOCIÉTÉ DES MINES DE CARMAUX
N° M° 14022
Nom Mandery
Prénoms Louis Antoine
Né à Zertrata Constantine le 11 Décembre 1895
Entré à la Société des Mines le 1 mars 1928 en qualité de man. St Marie
EMPLOIS SUCCESSIFS
ENFANTS

25. Beignet de pommes de terre et d'oignons râpés.
26. Raviolis à la viande ou aux légumes.

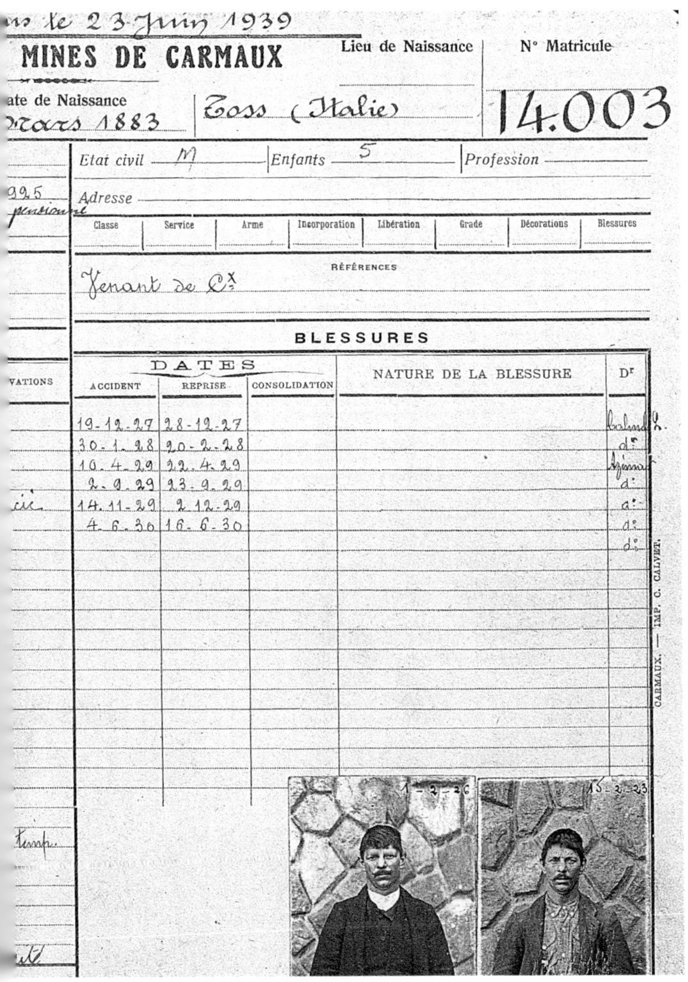

... le 23 Juin 1939

MINES DE CARMAUX

Lieu de Naissance: Zoss (Italie)

N° Matricule: 14.003

...ate de Naissance: ...mars 1883

Etat civil: M — Enfants: 5 — Profession

Adresse

Classe	Service	Arme	Incorporation	Libération	Grade	Décorations	Blessures

RÉFÉRENCES

Venant de Cx

BLESSURES

DATES			NATURE DE LA BLESSURE	Dr
ACCIDENT	REPRISE	CONSOLIDATION		
19-12-27	28-12-27			
30-1-28	20-2-28			dr
10-4-29	22-4-29			
2-9-29	23-9-29			d°
14-11-29	2-12-29			d°
4-6-30	16-6-30			d°
				d°

CARMAUX. — IMP. C. CALVET.

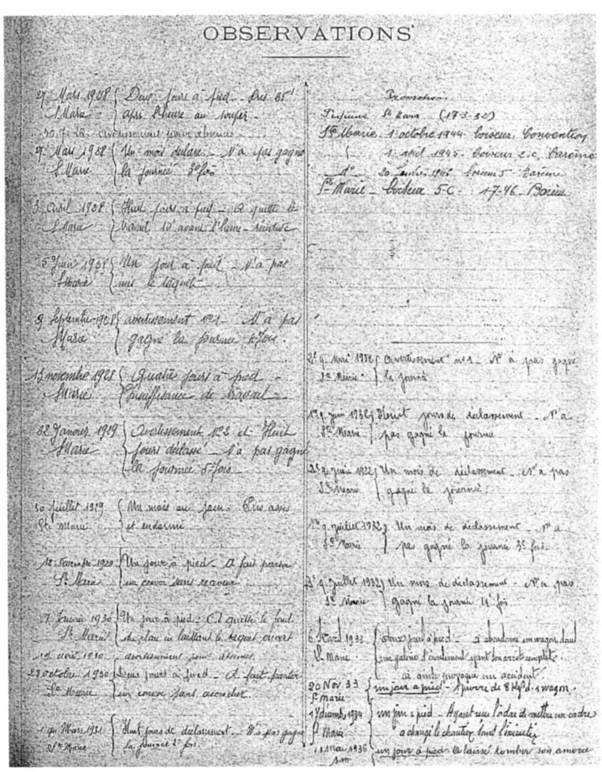

OBSERVATIONS

AILLEURS, LES ITALIENS

Déjà, en 1882, sur dix-huit mille ouvriers qui travaillent à Saint-Étienne, alors premier bassin minier français, mille deux cent vingt-sept sont piémontais. "Les manœuvres du pays leur reprochent de gâter le métier en travaillant à bas prix ; très sobres, très économes, ils réalisent à chaque campagne quelques économies dont ils font emploi dans leur pays d'origine", note le Cahier de doléances des mineurs.

C'est pourtant parce qu'on les estime surpayés que des conflits éclatent avec la main-d'œuvre locale. Sous le Second Empire et la IIIe République, des troubles xénophobes éclatent dans le bassin de l'Hérault et à Montceau-les-Mines. Les Italiens qui, à la fin du XIXe siècle, représentent dans le Sud-Est entre 20 p. 100 et 40 p. 100 de la main-d'œuvre, sont traités de "pattes d'ours" ou de "macaroni". Dans le Nord et le Pas-de-Calais, ils ne sont que quelques centaines. C'est pourtant aux cris de "Vive la France" et en brandissant un drapeau tricolore que les mineurs français les affrontent à Liévin en 1892.

La Lorraine est alors un cas à part. Annexée depuis 1871, elle a vu partir cent quatre-vingt-douze mille de ses habitants, hostiles à la germanisation. Le gisement minier, qui bénéficie au tournant du XXe siècle d'une véritable relance, réclame des effectifs de plus en plus nombreux. En 1911, à la demande du comité des Forges, un accord est négocié avec l'Italie pour le recrutement de sept mille ouvriers. Sélectionnés au poste frontière de Chiasso, ils transitent par Bâle et arrivent en gare de Metz. Il s'agit généralement d'hommes jeunes, célibataires et très mobiles que Mgr Geremia Bonomelli, évêque de Crémone, vient visiter, en 1912. À son retour, il confie à la presse milanaise : "J'ai pu constater des choses tristes et répugnantes qui nous couvrent de honte et atteignent en certaines régions l'infamie. Pensez que dans les chambres où au maximum pourraient être mis deux lits, vivent accumulés huit, neuf et même dix individus [...] À cette situation profondément triste s'ajoute, en Lorraine française, la haine de la population pour les Italiens, considérés comme des êtres inférieurs, méprisés par les autorités, traités par les patrons comme des bêtes de somme[27]."

De fait, la population locale se méfie de ces étrangers qui "fréquentent les cafés, les cabarets et les auberges, s'enivrent, se battent entre eux et abandonnent toute pratique religieuse". Pour éviter des heurts, on les regroupe dans des foyers, éloignés des puits, des "petites Italie", où le dimanche on mange le *risotto*, on joue au *cochonnet*, sorte de pétanque transalpine, et où on danse au son de l'orgue de Barbarie. Mais dans les cités italiennes, les curés ne célèbrent déjà plus qu'un mariage religieux sur dix. La mine a détourné de l'Église ses fils les plus fidèles.

En 1914, lors de la déclaration des hostilités, trente mille Piémontais reprendront le chemin de leur pays. L'exode ne se fera pas sans heurts. Femmes, enfants, vieillards, malades recevront l'ordre de "quitter le territoire le plus tôt possible". Prise de court, dira-t-elle, l'administration des mines fera l'impasse sur leur dernière paye.

27. *Il Secolo, 7 août 1912.*

Le bassin minier lorrain exploité par les Allemands depuis 1940 a été le théâtre d'affrontements acharnés. Après la guerre, certains sites sont détruits à 90 p. 100. La Coal Mining Mission, créée par l'armée américaine en 1944, s'attelle à leur reconstruction. Sous son égide, on recrute massivement dans la population locale et frontalière.

CHAPITRE XI

EN PASSANT PAR LA LORRAINE

Septembre 1939. La ligne Maginot, qui relie Longuyon à Wissembourg, laisse le bassin houiller à découvert. La Lorraine se vide de ses habitants. Aux alentours de Merlebach, Stiring-Wendel, Folschviller, dans les villages où, quelques semaines plus tôt, on écoutait Charles Trenet chanter *Douce France*, on doit quitter précipitamment sa maison. L'ordre d'évacuation tombe comme un couperet :"Coupez gaz et électricité, fermez les robinets, ouvrez les portes et fermez les fenêtres, chaque maison fermée sera ouverte de force, lâchez le bétail dans la nature."

Les "frontaliers", institution organisée en temps de paix, sont chargés, avec les gendarmes, de l'évacuation. En uniforme bleu ciel, un écusson sur la poitrine, ils gardent les ponts, les passages à niveau, et gèrent le repli des hommes qui tirent des brouettes, portent des valises en carton ou des cages à poules, "30 kg maximum", précisent les

Le problème de la main-d'œuvre minière s'est posé activement en Lorraine pendant toute la durée de la guerre. Une partie de la population évacuée en 1939 a préféré rester en zone libre. Des prisonniers russes et polonais ont pris la relève. En 1945, des prisonniers de guerre allemands les remplacent.

autorités. Sous les sirènes qui hurlent, c'est un spectacle d'exode, c'est toute une population qui d'un coup s'en va, et les vaches qui s'échappent de leurs étables, et les porcs en liberté qui fouillent les tas d'ordures, et les chiens lâchés qui attaquent le petit bétail, et les femmes et les enfants qui pleurent, sous un soleil éblouissant, comme on en a rarement vu à cette époque de l'année. L'été indien. L'automne allemand…

LA ROUTE DE L'EXODE

En quelques jours, des monts du Palatinat jusqu'à Morhange, c'est le *Niemandsland*. Chacun n'a eu que douze heures pour faire ses bagages et partir, destination : la Dordogne, la Charente ou la Vienne, après des nuits passées à la belle étoile, la grand-mère serrée contre le petit-fils, à attendre un train qui arrivera bondé. Les mineurs de Petite-Rosselle, de Carling, de L'Hôpital sont appelés à rejoindre les bassins de la zone libre. Sur toutes les routes, ils se traînent en longs cortèges qui cherchent à relier Lyon ou Châlons, puis cap au sud-ouest où, après les souffrances du voyage, les attend la déconvenue de l'accueil. On les surnomme les *refugiates*, parfois les "Boches", parce que la plupart s'expriment en allemand ; parce qu'entre eux, ils emploient le *Berschmannsproch*, ce patois germanisant spécifique des mines lorraines ; parce que, professionnellement, ils sont habitués à travailler dans les *plateures** et dans les *dressants**, ces grandes veines inconnues ici. Ils ont de quatorze à dix-huit ans, ou plus de cinquante-cinq ans. Toute une tranche d'âge est mobilisée au front.

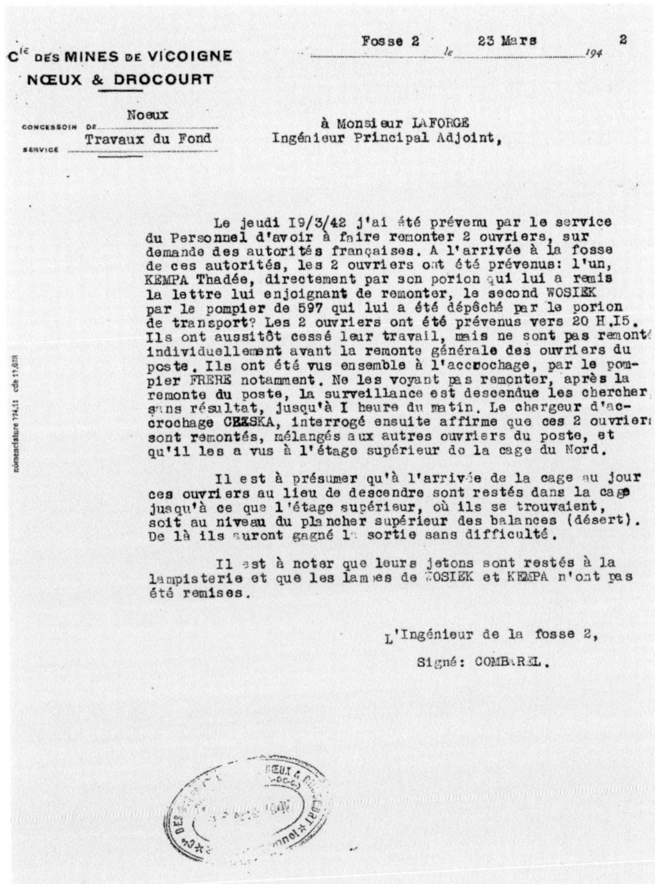

Cie DES MINES DE VICOIGNE
NŒUX & DROCOURT

Fosse 2 le 23 Mars 1942

CONCESSOIN DE Noeux
SERVICE Travaux du Fond

à Monsieur LAFORGE
Ingénieur Principal Adjoint,

Le jeudi 19/3/42 j'ai été prévenu par le service du Personnel d'avoir à faire remonter 2 ouvriers, sur demande des autorités françaises. A l'arrivée à la fosse de ces autorités, les 2 ouvriers ont été prévenus: l'un, KEMPA Thadée, directement par son porion qui lui a remis la lettre lui enjoignant de remonter, le second WOSIEK par le pompier de 597 qui lui a été dépêché par le porion de transport? Les 2 ouvriers ont été prévenus vers 20 H.15. Ils ont aussitôt cessé leur travail, mais ne sont pas remontés individuellement avant la remonte générale des ouvriers du poste. Ils ont été vus ensemble à l'accrochage, par le pompier FRERE notamment. Ne les voyant pas remonter, après la remonte du poste, la surveillance est descendue les chercher sans résultat, jusqu'à 1 heure du matin. Le chargeur d'accrochage CZESKA, interrogé ensuite affirme que ces 2 ouvriers sont remontés, mélangés aux autres ouvriers du poste, et qu'il les a vus à l'étage supérieur de la cage du Nord.

Il est à présumer qu'à l'arrivée de la cage au jour ces ouvriers au lieu de descendre sont restés dans la cage jusqu'à ce que l'étage supérieur, où ils se trouvaient, soit au niveau du plancher supérieur des balances (désert). De là ils auront gagné la sortie sans difficulté.

Il est à noter que leurs jetons sont restés à la lampisterie et que les lampes de WOSIEK et KEMPA n'ont pas été remises.

L'Ingénieur de la fosse 2,
Signé: COMBAREL.

Après la défaite de 1940, la mine subit une surveillance active de la part des autorités allemandes qui craignent des actes de sabotage et des infiltrations souterraines. De nombreux mineurs sont inquiétés. La solidarité du "fond" joue aussi quand il s'agit de prévenir les résistants et de faciliter leur fuite. Ces deux documents exceptionnels, datés de 1942, ont été retrouvés dans les archives de la Compagnie des mines de Vicoigne, Nœux et Drocourt.

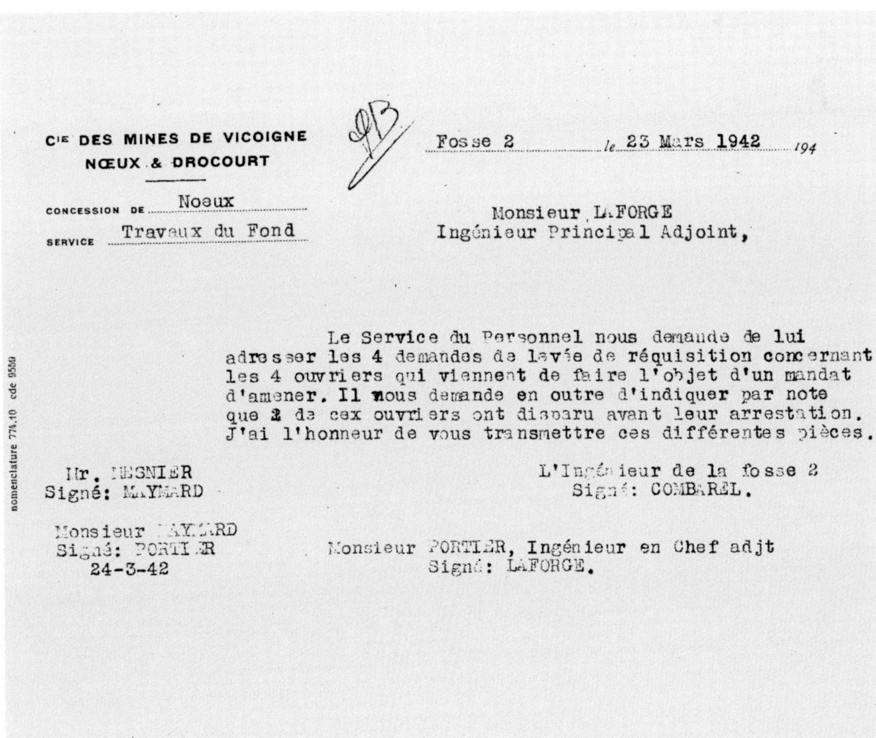

Cie DES MINES DE VICOIGNE
NŒUX & DROCOURT

Fosse 2 le 23 Mars 1942

CONCESSION DE Noeux
SERVICE Travaux du Fond

Monsieur LAFORGE
Ingénieur Principal Adjoint,

Le Service du Personnel nous demande de lui adresser les 4 demandes de levée de réquisition concernant les 4 ouvriers qui viennent de faire l'objet d'un mandat d'amener. Il nous demande en outre d'indiquer par note que 2 de cex ouvriers ont disparu avant leur arrestation. J'ai l'honneur de vous transmettre ces différentes pièces.

Mr. MESNIER
Signé: MAYMARD

L'Ingénieur de la fosse 2
Signé: COMBAREL.

Monsieur MAYMARD
Signé: PORTIER
24-3-42

Monsieur PORTIER, Ingénieur en Chef adjt
Signé: LAFORGE.

Dans l'Est, en ce début d'automne qui ressemble à une fin d'été, quelques équipes réduites continuent cependant à occuper les bassins miniers. Elles sont chargées, avant l'arrivée de l'occupant, de récupérer le matériel et d'acheminer les stocks sous la canonnade et les rafales de mitrailleuses. Une mine, de toute façon, ça ne se quitte pas comme ça. Il faut sécuriser, remblayer les tailles, dégager la dynamite, assurer une ventilation ou au contraire fermer les puits, si on veut un jour reprendre le travail là où on l'a laissé. Il faut mettre à l'abri ce qui peut l'être, démonter les installations qui s'y prêtent, les transporter à couvert. Et tourner, rouler tant qu'on le peut, pour alimenter l'effort de guerre. En arrière des lignes, la mine de Faulquemont poursuit un temps son activité. En avant, Petite-Rosselle est évacuée le 18 octobre.

SAINT-CHARLES, UN PUITS MYTHIQUE…

Petite-Rosselle ? Lieu mythique. Le puits Saint-Charles ? Une icône. C'est là, sur le grès vosgien, près de la frontière allemande, à la limite du riche bassin houiller de la Sarre, qu'avait commencé, en 1856, la grande aventure

Polonais d'origine, naturalisé français, le père de la chanteuse Patricia Kaas fait toute sa carrière aux Houillères de Lorraine, et principalement au puits Simon. Il y entre en 1941, à l'âge de quatorze ans, comme manœuvre. Il en sort pour prendre sa retraite en 1979, après trente-huit ans de fond.

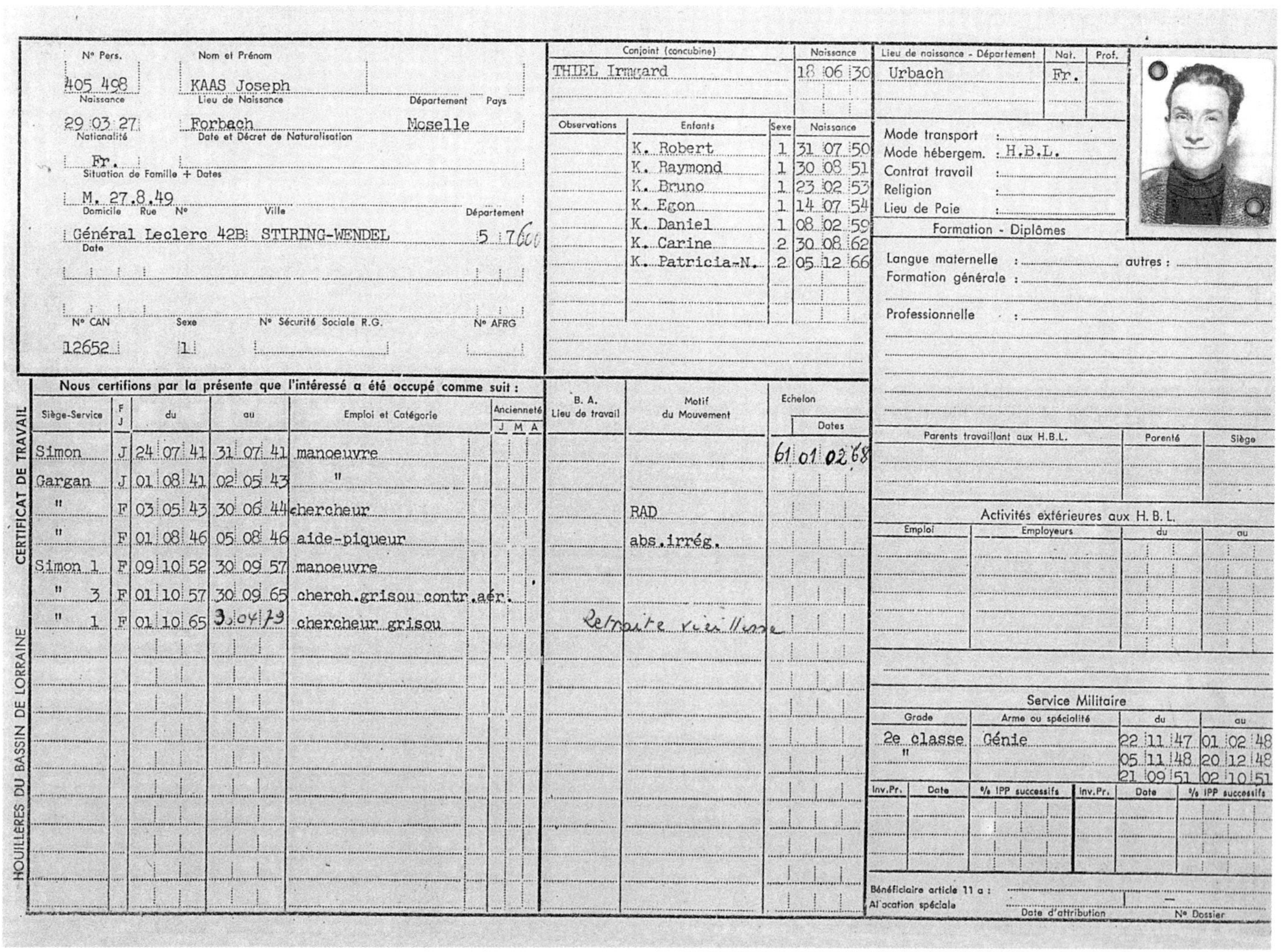

N° Pers. : 405 498 — Nom et Prénom : KAAS Joseph
Naissance : 29 03 27 — Lieu de Naissance : Forbach — Département : Moselle — Pays
Nationalité : Fr. — Date et Décret de Naturalisation
Situation de Famille + Dates : M. 27.8.49
Domicile Rue N° Ville Département : Général Leclerc 42B STIRING-WENDEL 5 7600
Date
N° CAN : 12652 — Sexe : 1 — N° Sécurité Sociale R.G. — N° AFRG

Conjoint (concubine)	Naissance	Lieu de naissance - Département	Nat.	Prof.
THIEL Irmgard	18 06 30	Urbach	Fr.	

Observations	Enfants	Sexe	Naissance
	K. Robert	1	31 07 50
	K. Raymond	1	30 08 51
	K. Bruno	1	23 02 53
	K. Egon	1	14 07 54
	K. Daniel	1	08 02 59
	K. Carine	2	30 08 62
	K. Patricia-N.	2	05 12 66

Mode transport :
Mode hébergem. : H.B.L.
Contrat travail :
Religion :
Lieu de Paie :

Formation - Diplômes
Langue maternelle : autres :
Formation générale :
Professionnelle :

HOUILLÈRES DU BASSIN DE LORRAINE — CERTIFICAT DE TRAVAIL

Nous certifions par la présente que l'intéressé a été occupé comme suit :

Siège-Service	F J	du	au	Emploi et Catégorie	Ancienneté J M A	B. A. Lieu de travail	Motif du Mouvement	Echelon Dates
Simon	J	24 07 41	31 07 41	manoeuvre				61 01 02 68
Gargan	J	01 08 41	02 05 43	"				
"	F	03 05 43	30 06 44	chercheur			RAD	
"	F	01 08 46	05 08 46	aide-piqueur			abs. irrég.	
Simon 1	F	09 10 52	30 09 57	manoeuvre				
" 3	F	01 10 57	30 09 65	cherch. grisou contr. aér.				
" 1	F	01 10 65	3.04.79	chercheur grisou			Retraite vieillesse	

Parents travaillant aux H.B.L.	Parenté	Siège

Activités extérieures aux H. B. L.

Emploi	Employeurs	du	au

Service Militaire

Grade	Arme ou spécialité	du	au
2e classe	Génie	22 11 47	01 02 48
"		05 11 48	20 12 48
		21 09 51	02 10 51

Inv.Pr.	Date	% IPP successifs	Inv.Pr.	Date	% IPP successifs

Bénéficiaire article 11 a :
Allocation spéciale — Date d'attribution — N° Dossier

LE JOURNAL DE GUERRE DE PETITE-ROSSELLE

Vendredi 1er septembre 1939
Midi 45 : annonce de la mobilisation générale, avec effet à partir de samedi 2 septembre, 0 heure.

Samedi 2 septembre
Évacuation de la population de Forbach. Mise au point de l'organisation des équipes partielles. Évacuation de 16 tonnes de dynamite. Nuit calme : sourdes détonations en provenance du territoire allemand.

Mercredi 6 septembre
Remblayage des tailles avec l'aide du personnel de Gargan. Pour économiser l'énergie, mise au régime minimal de tous les ventilateurs.

Vendredi 8 septembre
Arrivée et installation des chasseurs à cheval aux alentours des carreaux de Rosselle et de Simon. Premiers bruits de bataille. Transport sans incident d'un train de 300 tonnes de Gargan vers Simon, en longeant la frontière. Nuit étoilée et calme.

Samedi 9 septembre
Inquiétude causée par la disparition du capitaine Rigaud. Il s'était dissimulé dans les bois lors de la rencontre inopinée d'une patrouille allemande. Promenade dans les puits du buste barbouillé d'Hitler, trophée pris à la maison du Parti de Grande-Rosselle.

Lundi 11 septembre
Pillage des maisons de la Houillère par la troupe. Combats de patrouille dans le bois de Schnoeneck, au cours desquels un Allemand est grièvement blessé et capturé. Rafales de mitraillettes dans le Warndt. Arrivée de balles sur le carreau de Simon.

Mercredi 13 septembre
Visite au puits Simon du lieutenant de Selve et du lieutenant François pour l'étude de l'aménagement en observatoire vers Clarenthal, de la cheminée du puits Simon, haute de 65 mètres.

Dimanche 17 septembre
Envahissement du carreau de Simon par militaires de toutes armes venant réquisitionner du matériel par camions. Annonce de la perte du capitaine Louis-Paul Deschanel, capturé et tué sous bois près de la Baraque noire. Départ sans autorisation des chefs porions Thiel et Elter. Nuit très calme. Quelques coups de canon.

Lundi 18 septembre
À Schoeneck, les Tirailleurs découvrent dans le village une vieille femme de soixante-dix ans, cramponnée à son foyer. Évacuée de force. Départ de cinq camions pour Hayange avec matériel divers.

Jeudi 21 septembre
Reprise de 160 tonnes de 0/2. Démontage des moteurs des compresseurs de Saint-Charles et Vuillemin. Conférence du bureau central décidant d'exposer le minimum de personnel, repos par petits groupes, d'entreprendre les barrages au fond, d'alimenter en briquettes les chaufferies de Gargan et Vuillemin. Balles de mitraillettes sur le carreau de Saint-Charles.

Vendredi 29 septembre
En fin de matinée, syncope de M. Dadel, au bureau central. Ligne aérienne 30 000 volts Gragan-Simon coupée par balles de mitraillettes. Saint-Charles Vuillemin mis hors service. Reprise de 140 tonnes de 0/2. Nuit calme.

Lundi 2 octobre
Mouvement général de repli vers la ligne Maginot. Étant donné le changement de situation militaire, décision de continuer le repos du personnel, pour exposer le minimum ; décision de régime de repos des ingénieurs par tiers pour avoir une équipe de réserve sur place.

Vendredi 13 octobre
Continuation du démontage des machines. À Simon, les machines sont enlevées. Le moteur de la machine 1 est démonté et prêt à être enlevé, ainsi que le rotor de réserve. Nuit agitée.

Lundi 16 octobre
À la suite de l'alerte de nuit, pas de personnel au poste du matin à Saint-Charles-Saint-Joseph. Pas de reprise à Sainte-Marthe. Difficultés pour faire descendre le personnel au fond dans les autres puits. Renvoi sur le ferme Saint-Joseph de tout le personnel destiné à être évacué avant l'hiver[28].

lorraine du charbon, quand les premiers blocs extraits avaient été conduits de Metz à Paris en des “convois joyeux et splendides”. Depuis, le gisement avait tenu ses promesses. On avait beaucoup foncé, beaucoup exploité, on avait baptisé des dizaines de nouvelles fosses, on avait mis en place de longues tailles qui permettaient d'attaquer le charbon de front sur près de 300 mètres; à La Houve II, on avait introduit dans les galeries des couloirs oscillants, et l'électricité pour faire tourner les machines. Petite-Rosselle, n'empêche…

Le vieux puits est à lui seul un symbole, l'emblème de tous ces hommes qui ont fait le charbon lorrain et sa renommée. Ici sont passées toutes les communautés qui ont donné au bassin sa personnalité. Sous le Second - Empire, les Mosellans ont été les

28. *Archives des Houillères du Bassin de Lorraine.*

premiers à l'exploiter ; les Sarrois ont suivi sous l'annexion allemande, eux-mêmes relayés pendant la Première Guerre mondiale par des prisonniers russes blancs ou ukrainiens traités durement au fond, logés misérablement au jour. Des Polonais, des Hongrois, des Autrichiens, des Tchèques, des Slovènes sont venus, entre les deux guerres, renforcer les rangs français. Ils ont depuis créé leurs associations, leurs chorales, leurs bibliothèques. "On n'avait plus le sentiment d'être à l'étranger", se souvient l'un d'entre eux. Petite-Rosselle est devenu un melting-pot qui, avec une population ouvrière émigrée qui frôle les 60 p. 100, a rattrapé le tonnage d'avant guerre.

SOUS LA BOTTE NAZIE

Or, la guerre, justement la revoilà. Le 30 novembre 1939, la Lorraine est officiellement annexée. Le 13 juillet 1940, les mines sont placées sous séquestre, et six mois plus tard, l'exploitation reprend sous une gestion allemande. Qui actionne les machines quand la plupart des ouvriers étrangers ont dû rentrer au pays ou s'engager ? Ici, ce sont des prisonniers de guerre

C'est dans les années 20 que la lampe électrique à main fait son apparition dans la mine. Elle est généralisée après la guerre et sera relayée à partir de 1950 par la Cap Lampe, la lampe au chapeau. Pourtant, certains mineurs expérimentés regrettent leurs anciennes lampes qui leur servaient d'indicateur de grisou. Quelques chefs d'équipe et les boutefeus sont encore équipés, jusqu'en 1988, de lampes à flamme, type Arras.

soviétiques, logés dans des camps entourés de fils barbelés, là, des déportés italiens, appartenant à l'armée dissidente de Badoglio. La suite, on la connaît. Mais précisément ? En 1945, ce sont d'anciens soldats de la Wehrmacht qui sont chargés de remettre en état les installations noyées sous les bombardements alliés. "De vrais pros, qu'on aurait suivis au bout du monde", racontent aujourd'hui ceux qui ont travaillé sous leurs ordres. Certains de ces ouvriers "allemands" habitent encore la région. De "travailleurs libres", statut qu'ils avaient obtenu après guerre, ils ont opté depuis pour la nationalité française.

À la Libération, il s'agit de reconstruire, en Lorraine, un tissu industriel et urbain. En 1947, les Houillères entreprennent d'édifier la cité Belleroche avec des pavillons en structure légère qui ressemblent à des chalets. À l'intérieur, le confort moderne fait son entrée dans l'habitat minier. Chaque maison comporte une salle d'eau et un chauffage central individuel au coke.

Des rues qui débouchent sur des champs, des bouquets d'arbres qui cachent les terrils mais ne dissimulent pas les fumées des centrales électriques, des espaces verts pour les enfants, au loin une ferme : les nouveaux lotissements lorrains se caractérisent par un petit côté champêtre et villageois. **Ci-contre :** *Petite-Rosselle, dans les années 50.*

CHAPITRE XII

LA BATAILLE DU CHARBON

Depuis la défaite de 1940, les compagnies minières se sont discréditées, revenant sur les avantages acquis, forçant les cadences, provoquant, dans la Loire et dans le Gard notamment, des grèves patriotiques réprimées par l'armée allemande. Retour de guerre, retour de manivelle : dans la mine, on n'a pas oublié les arrestations massives, les déportations d'ouvriers ; partout, le climat est insurrectionnel. À la Libération, l'heure des règlements de comptes a sonné pour les directeurs, les porions, les agents de maîtrise, dont chaque cas a été soumis à un comité d'épuration. "Collabo" : l'insinuation est, dans la mine aussi, d'actualité.

Au même moment, un constat s'impose : la production a chuté, la main-d'œuvre manque et les importations venues des États-Unis ne suffisent pas. Qu'on se souvienne : dans les villes, l'éclairage des vitrines est supprimé, à Paris, la fermeture du métro est avancée d'une heure, chez les particuliers, les coupures d'électricité font partie du quotidien, et dans les appartements, il fait froid. Au niveau industriel, il faut également appliquer des restrictions. "Nous sortons de la tempête décimés et appauvris. Mais, de même que les pires malheurs ne peuvent nous désespérer – n'est-ce pas, Béthune ? –, notre dure situation présente ne nous décourage nullement – n'est-ce pas, Béthune ? [...] Tout le monde sait fort bien que pour la France, tout dépend maintenant de ce qu'elle produit. Nous comprenons qu'il s'agit de vivre, c'est-à-dire d'avancer, et nous le ferons en tenant nos yeux rivés sur le but commun qui est grand, lointain et difficile[29]", lance le général de Gaulle aux mineurs le 11 août 1945. Il ajoute : "Au travail." La France manque, à tous les sens du terme, d'énergie.

Image d'un autre temps, celle du charbonnier triomphant qui, à l'entrée de l'hiver, venait livrer boulets et briquettes pour alimenter les poêles. La France, à l'époque, se chauffait au charbon. Comme la célèbre course des garçons de café, la course des charbonniers réunissait chaque année, sur les grands boulevards, les "bougnats" parisiens.

29. Mémoires de guerre, le Salut, *Plon.*

Il s'agit maintenant de remettre en état un outil déjà vétuste, durement éprouvé par les combats, et une exploitation désorganisée. Il s'agit, il y a urgence, de relancer la production : le pays a besoin de relever ses ruines, de remettre en état les communications coupées, de faire marcher ses locomotives et tourner ses usines. Faute de pouvoir investir dans des machines, il faut augmenter le rendement des hommes et recruter à tout prix. C'est l'époque où des affiches proclament le challenge de chaque jour : "En avant, vers les 100 000 tonnes" ; où des campagnes de propagande, on ne dit pas encore de publicité, valorisent le métier de mineur "pour que l'on ne dise plus que c'est un métier de forçat", et où chaque puits, pour créer une émulation, présente à la population le thermomètre de sa production. Au niveau national, c'est à coup de slogans que se fait l'embauche : "Le charbon, c'est le pain de notre industrie" ; "Mineur, la grandeur de la France dépend de tes efforts". À la Chambre, les ténors y vont de leur discours. "Même s'il faut que cent mineurs meurent à la tâche, il faut que la bataille du charbon soit gagnée. C'est le salut du pays qui est en jeu", annonce Auguste Lecœur, secrétaire d'État à la Production industrielle. "Produire, encore produire, faire du charbon, c'est la forme la plus élevée de votre devoir de classe, de votre devoir de Français", déclare Maurice Thorez. Il ajoute : "Si les hommes n'y vont pas, les femmes prendront leur place." De fait, elles sont nombreuses à rejoindre les rangs, affectées sur le carreau, au calibrage. À la Libération, la France compte trois cent cinquante mille mineurs, dont deux cent vingt mille dans le Nord-Pas-de-Calais.

LE STATUT DU MINEUR

Le pari, en cette année 1946, c'est d'atteindre 50 millions de tonnes, au prix d'une cadence acharnée où, exceptionnellement, on travaille même le dimanche. Doit-on le préciser ? Si ce pari est effectivement gagné, une évidence s'impose : seul l'État peut désormais atteindre l'objectif du charbon dominant, seul l'État peut réunir les formidables moyens financiers nécessaires à sa modernisation, seul l'État peut, avec une politique sociale adaptée, s'attacher les mineurs. Devant l'Assemblée consultative, De Gaulle confirme : "Oui, désormais, c'est le rôle de l'État d'assurer lui-même la mise en valeur des grandes sources d'énergie."

Retour vers le passé. Depuis le XVIIIe siècle, on le sait, le charbon en France, c'est des dizaines de compagnies autonomes qui se partagent l'extraction. Or, depuis ces temps révolus, le

"Les usines dorment, les Français chôment, ils attendent du charbon." À la Libération, il faut embaucher à tout prix. La mine manque de bras. Une immense campagne d'affichage est lancée. Jamais la France n'en a connu de pareille.

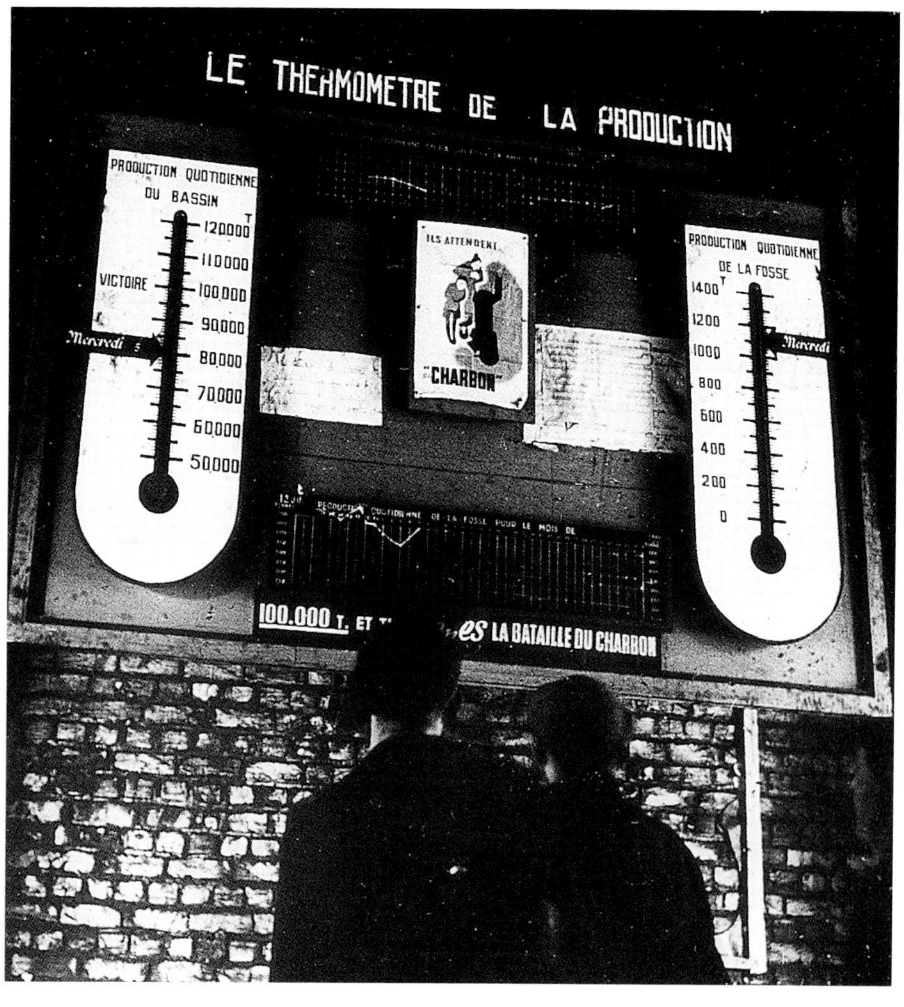

1946. En pleine bataille du charbon, l'émulation gagne les puits. On affiche comme ici, à Drocourt, le baromètre national de la production. Objectif : 100 000 tonnes par jour, 50 millions de tonnes pour l'année.

VIVE LA REPUBLIQUE
OUI
NON
LES USINES DORMENT
LES FRANÇAIS CHÔMENT
ils attendent
du CHARBON
ILS ATTENDENT
DES FRANÇAIS

diamant noir a bouleversé le monde. Désormais, il n'est plus simplement un formidable combustible, mais il produit de l'hydrogène, du méthane, du goudron, du benzol, et entre indirectement dans une multitude de produits. Il faut donc ra-tio-na-li-ser, et verser, aussi, pourquoi le taire, un tribut au Parti communiste, qui est devenu une force politique incontournable et qui réclame, vieille revendication, "la mine aux mineurs".

Le 17 mai 1946, la nationalisation des Combustibles minéraux est votée à l'Assemblée, à l'issue d'une séance qui a duré moins de trois heures. Charbonnages de France arrive à point pour répondre à une nécessité économique et planifier la relance. Le "statut du mineur", qui prend désormais en compte le danger, réorganise la profession et, en compensation des risques encourus, lui accorde divers avantages : une sécurité sociale spécifique, des garanties salariales, le droit aux congés payés, l'exercice de l'action syndicale, des logements gratuits qui concernent aussi les retraités et les veuves, des transports indemnisés, des écoles et une formation gratuites. Il comprend en outre des dispositions relatives au licenciement et à l'embauche, aux commissions paritaires et à la représentation du personnel.

En quelques mois, l'union sacrée des communistes et du chef de la France libre a fait du mineur le premier ouvrier de France.

Dans la plupart des sièges, les déplacements des mineurs entre le puits et les gares des chantiers se font désormais par rail. En tenue de travail, "béguin" et "barrette" sur la tête, lampe à la taille, musette en bandoulière, un groupe de mineurs attend le train du personnel.

"Si les hommes n'y vont pas, les femmes iront à leur place", déclare Maurice Thorez. Elles sont nombreuses à répondre à cet appel historique. Jamais on n'a vu, comme à la Libération, tant de femmes dans les ateliers. Ici, une lampisterie.

D'OÙ VIENS-TU, MINEUR ?

D'où viens-tu, mineur ? De l'Escarpelle, de la fosse 4 de Sallaumines, de la fosse 9 d'Oignies, de Cuvelette, du puits Simon, du puits Wendel, du puits Darcy, du puits Pigeot...

Depuis toujours, appartenir à un puits fait partie de l'identité du mineur. On commence et on finit sa carrière au même endroit, là où son père et son grand-père ont eux-mêmes débuté. On habite à proximité, on fréquente la même buvette, la même chorale, le même stade, la même association de rosiéristes ou de *coulonneux**. La solidarité au fond s'est doublée de camaraderie au jour.

Où habites-tu, mineur ? Cité Lemay à Pecquencourt, cité de la Chapelle à Oignies, cité de la fosse 3 à Liévin, trois corons du Nord-Pas-de-Calais où l'on s'aborde en *rouchi*, le patois local ; cité Belleroche, cité Jeanne d'Arc, cité Bellevue, trois résidences mosellanes où l'on pratique un parler local germanisant. Ici ou là, on a usé ses fonds de culotte sur les mêmes bancs d'école, on a joué aux dosse[30] sur le même terril, on a participé aux mêmes ducasses, on a chapardé des bouts de fer ou des bouts de bois, pour improviser une épée. "À l'âge de dix ans, raconte un ancien mineur du Pas-de-Calais, je portais tous les jours le casse-croûte à mon père. Je glanais près des ateliers des raccourches[31] que je rapportais à ma mère pour alimenter le poêle. Avant d'y travailler moi-même, je connaissais le puits comme ma poche [...] Quand je suis descendu pour la première fois, c'est comme si mes parents et mes grands-parents m'avaient accompagné au fond de la fosse."

Une chaleur d'enfer, une humidité à vous couper le souffle, un toit que ne tient pas les soutènements, du charbon gras qui vous entre par tous les pores de la peau, la réputation de certains puits n'est plus à faire. Wendel III, en Lorraine, était appelé "Cayenne", un surnom qui valait tous les longs discours. Dusouich, près de Lens, c'était "la reine des veines, parce qu'on pouvait y travailler debout", Marienau "la veine des fous, vétuste, air saturé, gros risques".

Des émanations de grisou, des échauffements spontanés, des venues d'eau mémorables, des éboulements à répétition : on se transmet de bouche à oreille, et de bassin en bassin, toutes les informations. La Tronque, à Carmaux ? "Beaucoup de poussière." Le Villaret, à La Mure ? "Du gaz et encore du gaz. On ne voulait pas y aller." Le 19 de Lens ? "Le plus difficile d'entre tous." Faulquemont ? "Côté sécurité, irréprochable." Cuvelette ? "Une merveille." Gardanne ? "Le paradis du mineur." Mais parfois, plus que la mine elle-même, c'est le porion qui fait pencher la balance, quand il faut choisir son puits. "On en avait un qui gueulait comme un fou, c'est vrai, mais le jour où une taille a failli s'ébouler, c'est lui qui a tombé la veste pour la soutenir."

30. Billes.
31. Petits rondins de bois.

À la Libération, l'Union sacrée des communistes et du général de Gaulle proclame le mineur "premier ouvrier de France". Pour embaucher à tout va, l'accent est porté sur la sécurité et la lutte contre la silicose, reconnue désormais comme maladie professionnelle.

LE ROI CHARBON ET LA FÉE ÉLECTRICITÉ

Déjà, après guerre, le charbon est de moins en moins utilisé en temps que tel.

À titre individuel, il alimente encore les cuisinières et les poêles avec des boulets et des briquettes, morceaux reconstitués et calibrés. Nostalgie du seau à charbon, de sa pelle en fer, du bougnat "Bois et charbons" au visage barbouillé qui, dans les villes, livrait les particuliers, un grand sac de jute jeté en travers de l'épaule ; du camion à l'arrêt qui, dans un dégagement de fumées noirâtres, venait approvisionner les immeubles à l'entrée de l'hiver…

Dans la vie quotidienne, déjà dans les années 50, le charbon a fait son apparition anonyme dans toute une série de produits que le consommateur utilise sans imaginer qu'ils émanent en partie de la houille : l'aspirine, les bas Nylon, les parfums synthétiques, le cirage, les éponges, les carrosseries et les coques moulées, la bakélite qui recouvre les postes de radio, le fameux *fly-tox* qui élimine les insectes volants, le benzol qui entre dans la fabrication du carburant automobile, l'ammoniac dont on extrait des engrais et même ces chemises en tergal qui sont, à l'époque du dernier chic masculin.

Mais le plus extraordinaire c'est, en 1946, le mariage de raison qui unit le diamant noir et la fée électricité. Parce qu'on s'est aperçu que l'électricité produite par la puissance de l'eau accumulée dans les barrages pouvait aussi émaner du charbon, des centrales se sont installées près des puits. Au départ, il s'agit pour les bassins miniers de s'autoalimenter. Mais à l'horizon 2005, dans la logique de la reconversion, la filiale électrique de Charbonnages de France, la SNET, Société nationale d'électricité et de thermique[32], fournira en majeure partie EDF. En attendant, sur les sites miniers, les "réfrigérants", énormes tours de béton caractéristiques de la production électrique, cohabitent désormais avec les chevalements.

Institué en 1946 au moment de la nationalisation, le "Statut du mineur" prend un certain nombre de dispositions en faveur de l'éducation et de la formation. Les écoles d'apprentissage sont gratuites pour les enfants des mineurs. En Lorraine, les garçons rejoignent le centre d'apprentissage de Sainte-Fontaine, les filles l'école ménagère de Petite-Rosselle.

32. La nationalisation de 1946 laissait déjà à Charbonnages de France une place pour une production autonome d'électricité. Depuis 1995, cette activité s'exerce au sein d'une société à part entière, la SNET, dont EDF est actionnaire minoritaire.

Ci-dessous, le carnet du futur musicien Maurice André qui, en pleine bataille du charbon, décide de suivre l'exemple de son père, mineur de fond, et débute à l'âge de quatorze ans aux mines d'Alès. Il y restera deux ans. C'est dans le cadre de l'orchestre de la mine que se révèle son talent de trompettiste. La suite, on la connaît, du conservatoire national où il professe aux Victoires de la musique qui le consacrent, en 1987, meilleur soliste.

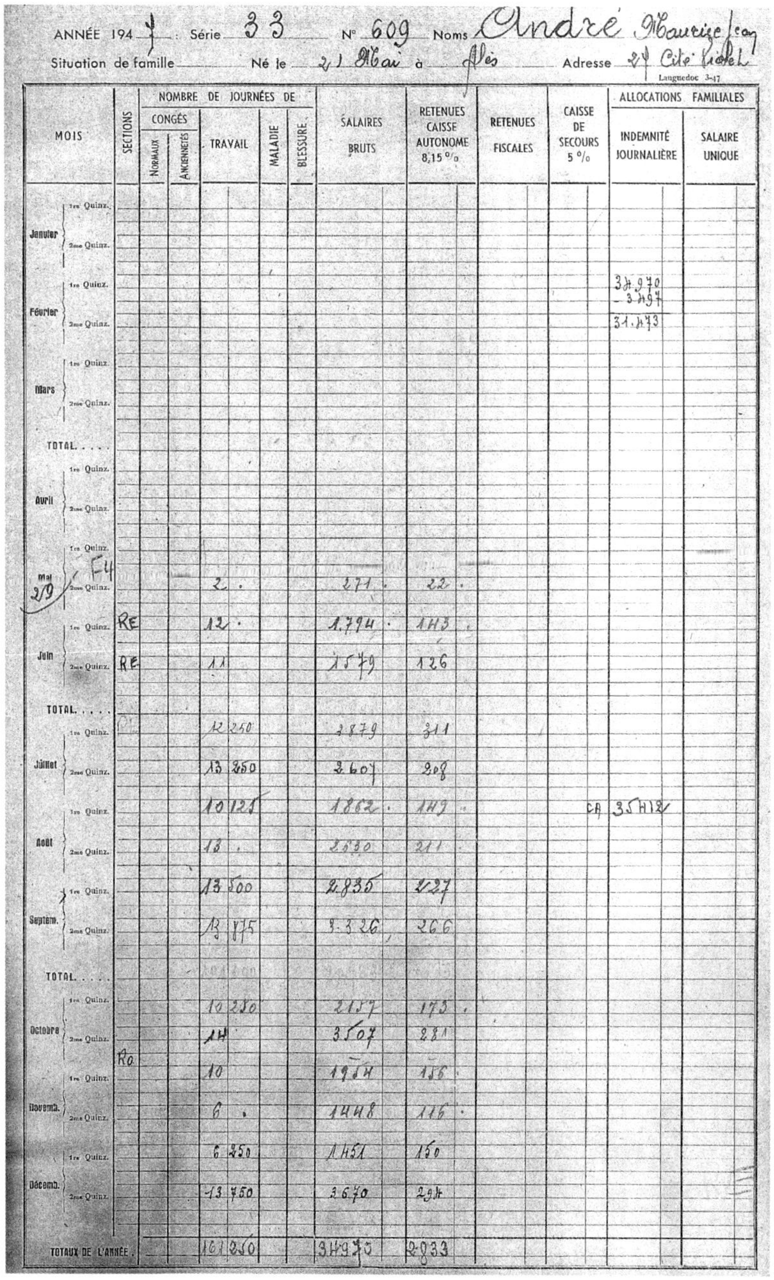

ANNÉE 1947 : Série 33 N° 609 Noms André Maurice Jean

Situation de famille ______ Né le 21 Mai à Alès Adresse 24 Cité Vidal

Languedoc 3-47

MOIS		SECTIONS	NOMBRE DE JOURNÉES DE — CONGÉS — NORMAUX	CONGÉS — ANCIENNETÉS	TRAVAIL	MALADIE	BLESSURE	SALAIRES BRUTS	RETENUES CAISSE AUTONOME 8,15 %	RETENUES FISCALES	CAISSE DE SECOURS 5 %	ALLOCATIONS FAMILIALES — INDEMNITÉ JOURNALIÈRE	ALLOCATIONS FAMILIALES — SALAIRE UNIQUE
Janvier	1re Quinz.												
	2me Quinz.												
Février	1re Quinz.											34.970 / − 3497	
	2me Quinz.											31.473	
Mars	1re Quinz.												
	2me Quinz.												
TOTAL....													
Avril	1re Quinz.												
	2me Quinz.												
Mai	1re Quinz.												
2/9 F4	2me Quinz.				2 .			271 .	22 .				
Juin	1re Quinz.	RE			12 .			1.794 .	143 .				
	2me Quinz.	RE			11			1579	126				
TOTAL....													
Juillet	1re Quinz.				12 250			2879	311				
	2me Quinz.				13 250			2.607	208				
Août	1re Quinz.				10 125			1862 .	149 .		CA	35412	
	2me Quinz.				13 .			2630	211				
Septem.	1re Quinz.				13 500			2.835	227				
	2me Quinz.				13 175			3.326	266				
TOTAL....													
Octobre	1re Quinz.				10 250			2157	175 .				
	2me Quinz.				14			3507	281				
Novemb.	1re Quinz.	Ro			10			1954	156 .				
	2me Quinz.				6 .			1448	116 .				
Décemb.	1re Quinz.				6 250			1451	150				
	2me Quinz.				13 750			3670	294				
TOTAUX DE L'ANNÉE					161 250			34975	2833				

Même le monde du spectacle contribue à l'immense campagne de promotion qui accompagne la nationalisation et la bataille du charbon. Édith Piaf, alors vedette n° 1 de la chanson, enregistre Coup de grisou, sur une musique de Louiguy, le compositeur à la mode. C'est un énorme succès.

CHAPITRE XIII

LA MARCHE SUR PARIS

Trente mille mineurs qui manifestent à Lens, vingt-cinq mille à Valenciennes, vingt mille à Nîmes, autant à Merlebach, dix mille à Douai, deux mille qui marchent sur Paris, avec leurs femmes qui brandissent des pancartes "Avec nos hommes pour le meilleur et pour le pire" : la grande grève de 1963 est une date incontournable dans l'histoire du charbon français. Générale et unitaire, dans la grande tradition de la lutte ouvrière héritée du siècle précédent, elle rallie d'emblée l'opinion publique.

Les simulations d'enterrements, les cercueils derrière lesquels défilent les mineurs ne figurent pas seulement la fermeture de leurs puits ; les opérations "ville morte" qu'ils organisent ne concernent pas que leurs seuls bassins ; c'est plusieurs générations de "gueules noires" qui manifestent, avec en tête les plus âgés, ceux qui ont sacrifié leur santé pour produire à outrance quand la France le réclamait. Souvenez-vous... Ce sont deux cent mille ouvriers spécialisés, des hommes rudes, usés par des années de fosse, qui brandissent leurs feuilles de paye pour justifier leurs revendications salariales. Ce sont des êtres désabusés, en tenue de travail, qui n'acceptent pas qu'on les abandonne et qui le clament. Ce sont des amants délaissés qui, les larmes aux yeux, tentent un dernier aveu désespéré. Car, la mine, ils veulent encore y croire. "Un vrai drame, titre la presse, le charbon, c'est fini."

Mauvaise conjoncture, en effet. Tandis que les mineurs réclament une augmentation de salaire pour combler l'écart des rémunérations qu'ils constatent avec les travailleurs des autres grands secteurs nationalisés, la politique charbonnière du gouvernement est déjà à la récession. Trois ans plus tôt, Jean-Marcel Jeanneney[33] a amorcé devant l'Assemblée nationale cette chronique d'une mort annoncée, en déclarant : "Alors que le marché de l'énergie avait été, pendant des années, un marché de rareté, des difficultés d'écoulement [...] sont apparues. Elles sont particulièrement marquées pour le charbon." Puis il a évoqué les coûts de production qui ne cessent de monter, quand l'étranger exporte à bon compte, les unités "absurdes" qui coûtent plus cher à exploiter qu'elles ne rapportent, les nouvelles sources d'énergie et notamment le pétrole dont les perspectives sont, en ces années-là, à l'optimisme. Alors que faire ? "Fermer aussi vite qu'il est socialement possible les mauvais puits", a-t-il conclu.

Jamais une grève comme celle de 1963 n'a rencontré dans l'opinion publique un tel écho. Tous les bassins débrayent et deux mille mineurs, femmes en tête, marchent sur Paris. Leur combat trouve un terrain d'autant plus favorable que, cet hiver-là, il gèle.

33. *Ministre de l'Industrie de 1959 à 1962.*

AVEC
NOS HOMMES
POUR
LE MEILLEUR
ET
POUR LE PIRE
SOLIDARITE
AUX
MINEURS DE
CHARBON.
MERCI!

Un mauvais puits ? Decazeville, dans son fief aveyronnais, en est un exemple qui va servir de détonateur et enflammer le pays. Le processus ? Les mineurs le connaissent bien, ça ressemble à un coup de grisou qui déclencherait un coup de poussière. Decazeville ? Grisou. La marche sur Paris ? Poussière. Entre les deux, comme dans la mine, c'est un cyclone qui se déchaîne avec son cortège de manifestations, de rassemblements, de défilés aux accents vibrants, sous les applaudissements des badauds, la harangue des syndicats pour finir à Paris, aux Invalides dans une sorte d'apothéose qui s'apparente à une marche funèbre.

FERMER LES "MAUVAIS" PUITS

Mais Decazeville, alors ? La grève, pourquoi ? Depuis 1959, le puits aveyronnais est condamné par le plan Jeanneney qui prévoit sa fermeture, assortie d'une récession en douceur. Mais le général de Gaulle, en visite dans le pays, n'a pas su s'adresser aux mille huit cents ouvriers bientôt mis à la retraite ou reconvertis. "Vous ne me faites pas, leur a-t-il dit, l'effet de gens désespérés." Le lendemain, le monde minier est en ébullition. Au cours de l'hiver glacial de 1963, où l'on a dû forcer les cadences, les mineurs français constatent qu'à l'échelle nationale, le charbon est déjà remplacé par le pétrole, le gaz naturel et virtuellement, à terme, par l'énergie nucléaire. Et alors qu'ils revendiquent 11 p. 100 d'augmentation de salaire, ils apprennent par les médias qu'ils gagnent en un jour ce qu'un mineur américain gagne en quatre-vingt-dix minutes. Plus que jamais, "*Glück auf !* Bonne chance pour la remonte", le vieil adage des mineurs lorrains, prend une résonance amère.

Après trente-cinq jours de grève et la création d'un comité de sages nommés par le gouvernement, les mineurs obtiendront une progression de leur salaire d'environ 8 p. 100 ainsi qu'une quatrième semaine de congés payés. Mais le général restera inflexible. Dans un entretien qu'il accorde au journaliste Michel Droit, le chef de l'État exprime froidement sa vision de l'avenir. "Des grèves comme celle-là, dit-il, ne peuvent pas recommencer avant plusieurs années. Et dans plusieurs années, l'heure du charbon sera passée."

Ils remontent, le visage noir de charbon, les bottes crottées, la musette en bandoulière. Ils sont exténués. Ils ont surtout perdu leurs espérances. La fermeture de certains puits – Decazeville notamment – leur laisse un goût amer. Et l'avenir est au plus sombre : le pétrole déjà remplace le charbon.

Au début des années 60, le transport mécanisé des hommes et du charbon se généralise. Le roulage, autrefois assuré par des chevaux, se fait désormais par locotracteur, et ce sont des berlines qui assurent les déplacements des mineurs à l'intérieur des galeries. Malgré leur exiguïté, c'est un progrès.

BAROUD D'HONNEUR À DECAZEVILLE

"Il y a un mot qui fait frémir de fureur le plus paisible des Aveyronnais. Il s'appelle reconversion[34]."

Decazeville, 5 février 1962. Après sept semaines de débrayage où des mineurs couchés sur de la paille se sont fait troglodytes au fond du puits, vingt d'entre eux tirés au sort parmi deux cent cinquante volontaires ont commencé une grève de la faim. Ils entendent ainsi protester contre la fermeture des puits de l'Aveyron, jugés non rentables, et contre le gouvernement qu'ils qualifient d'" inhumain". Outre une prime de licenciement, celui-ci leur a accordé 90 p. 100 de leur salaire pendant deux ans, mais reste ferme sur ses positions : la mine doit fermer.

C'est la première fois que des ouvriers utilisent la grève de la faim pour se faire entendre. Et ils vont se faire entendre, en effet, appuyés par leurs organisations syndicales, par l'évêque de Rodez, qui fait lire dans toutes les paroisses une lettre pastorale où il est question de "dignité" et d'"espérance", par leurs femmes qui sollicitent une audience auprès du général de Gaulle, par la Croix Rouge, la Ligue des Droits de l'homme et la presse et la télévision, qui relatent leurs faits et gestes.

"Leur état de santé se dégrade rapidement. Ces hommes, usés par des années de dur travail dans la mine, fatigués par six semaines de grève sur le tas, dans des conditions de nourriture et de sommeil anormales, ne peuvent pas supporter sans danger la prolongation de la grève de la faim." Chaque jour, un bulletin de santé rapporte la visite des huit médecins chargés de veiller sur ces grévistes atypiques qui se sont installés dans les locaux de l'Amicale laïque, au sous-sol de l'école Jean-Moulin. Des suppléants ont été désignés pour remplacer ceux qui viendraient à tomber malades. Et c'est le cas d'une dizaine d'entre eux qui, loin de s'inquiéter pour leur santé, répondent aux journalistes qui les interrogent : "J'aurais tant voulu continuer avec les camarades. Il y a vraiment des types qui n'ont pas de chance."

La solidarité des Aveyronnais s'est maintenant élargie à la France entière. Des collectes sont organisées en faveur des grévistes et, dans les rues, on chante, sur l'air de *Goûtons voir si le vin est bon*, "Decazeville, oui, oui, oui, Decazeville, non, non, non, Decazeville ne périra pas". C'est peine perdue. Face aux souffrances d'une profession à l'agonie, la modernisation de l'économie exige la fermeture des mines. Un communiqué officiel clos le débat : "Le gouvernement ne saurait accepter de remettre en question le plan d'adaptation des Houillères de l'Aveyron. Il fait appel au bon sens des mineurs de Decazeville pour qu'un terme rapide soit mis à une crise dont ils risquent d'être les seules victimes."

34. Paris-Jour, *9 janvier 1961.*

LIÉVIN SOUS LE CHOC

Un mur de clôture en brique rouge, à l'intérieur la charpente métallique d'un chevalement, aux alentours une rue bordée de maisonnettes aux volets verts, dont les murs sont noirs de charbon : on est à Liévin, dans le Pas-de-Calais, ce pays dont le sous-sol, comme une immense dentelle, est travaillé depuis deux siècles par des milliers d'hommes. Mineurs et fiers de l'être.

Ici, au début des années 70, la majorité de la population a moins de vingt-cinq ans. La mine ? "Pas question", répondent les jeunes gars quand on leur pose la question. "Jamais le gamin n'ira cracher ses poumons dans la fosse", disent les anciens. Mais ceux-là, malgré la récession, les plans charbonniers et l'horizon d'une retraite anticipée, veulent rester près du puits, continuer jusqu'au bout, parce que le charbon, c'est toute leur vie, et c'est aussi parfois leur mort. "Comme dans un mariage, pour le meilleur et pour le pire", disent-ils.

La fatalité ? Dans la région, on connaît. Ces dernières années, elle s'est encore manifestée, à Avion et à Fouquières, près de Lens : deux explosions, des dizaines de morts et autant de blessés. Ce 27 décembre 1974, c'est à Liévin, fosse 3, taille des Six-Sillons, qu'elle va encore frapper, sous la forme d'un terrible coup de poussière. Bilan : quarante deux morts, cinq blessés et, on l'oublie souvent, cent quarante orphelins. "C'était l'enfer. Une longue flamme et les camarades qui tombaient, qui brûlaient, qui criaient : 'je prends feu, je brûle' et auxquels je criais : « accrochez-vous à mes épaules ». Je n'oublierai jamais", raconte le seul rescapé indemne. Il a eu la chance d'être projeté derrière une porte en fer.

Liévin ? Au-delà de la catastrophe, quelle affaire ! Commis d'office, le juge Pascal, le "petit juge" célèbre dans toute la France depuis le meurtre de la jeune Brigitte, de Bruay-en-Artois, crée un choc collectif avant d'être dessaisi du dossier. Casqué, botté, il descend à 700 mètres pour y chercher la vérité. Il y découvre un monde à part qui possède son propre code de sécurité et surtout une philosophie que résument tous les mineurs. "Dans la mine, y'a pas d'explication. Pas de colère. Juste de la tristesse. Quand ça arrive, ça arrive. Si on a de la chance, on s'en tire. Sinon..."

Ce que l'on reprochera surtout au juge Pascal, plus que d'ergoter sur d'éventuelles responsabilités, c'est la méthode employée. L'autopsie inhabituelle des corps de deux des victimes pour évaluer leur teneur en grisou sera ressentie par les mineurs comme une profanation inutile quand le danger, la mort et le deuil font intimement partie du métier. L'inculpation de l'ingénieur en chef qui, un des premiers, s'était porté au secours des victimes, se heurtera, de même, à la solidarité de tous. "C'est le plus terrible métier du monde, déclarait encore le rescapé de la fosse 3, mais c'est aussi le plus beau. La mort, il faut pas y penser. Et surtout, pas chercher à l'expliquer. Comme les marins, on est tous, mineurs, ingénieurs, sauveteurs, jeunes ou vieux, dans le même bateau... La mine ? Si on s'en sort, on y retournera."

Une succession de grèves dures contre la fermeture, déjà, de certains puits; le choc de la catastrophe de Liévin qui fait 42 morts : la mine est dans ces années-là à la "une" de l'actualité. Au fond, la modernisation suit son cours.

FRERES
NON A
DU

La mine se modernise, le rituel ne change pas. Ainsi la pause casse-croûte, que le mineur fait, depuis toujours, vers 9 heures le matin. Le "briquet", c'est son nom, se prend toujours au fond, le plus souvent dans la galerie de tête, assis par terre ou sur un rondin de bois. Le sandwich a remplacé le "pain d'alouette", les tartines de saindoux, de lard et de fromage qui, dans le Nord de la France, faisaient autrefois le régal du mineur.

Faulquemont en Lorraine, retour du puits. Pour un mineur lorrain, la journée se décline entre charbon le matin et jardinage l'après-midi. Mineur oui, mais paysan toujours, l'ouvrier réside dans des lotissements largement ouverts sur la campagne. Pour mémoire : Faulquemont a été l'un des premiers puits à souffrir de la récession. Il a fermé en 1974.

En 1959, le futur chanteur Jacques Dutronc s'inscrit à l'École professionnelle de dessin industriel et sollicite pour y entrer l'appui de Charbonnages. Il a seize ans, et compte suivre l'exemple de son père, Pierre, entré aux houillères en 1949. Sept ans plus tard, faute d'assiduité, le futur "playboy", celui qui "aime les filles" et chantera Les Cactus, *est devenu musicien. Il débute comme guitariste avec le "branquignol", Jacques Calvi.*

ÉCOLE PROFESSIONNELLE
DE DESSIN INDUSTRIEL

E.P.D.I

FONDÉE EN 1923
RECONNUE PAR L'ÉTAT
ANDRÉ PEUBLE
DIRECTEUR-FONDATEUR
163, RUE ST MAUR
9, 11, RUE DARBOY
PARIS (XIE)
TÉL. OBERKAMPF 49-86

PARIS, le 8 Octobre 1959

Référence à rappeler dans la correspondance
CP 71 DOSSIER No .... Classe : PV 1

CERTIFICAT DE PRÉSENCE

à produire à l'appui d'une demande

CHARBONNAGES

Je soussigné, André PEUBLE. Directeur de l'ÉCOLE PROFESSIONNELLE DE DESSIN INDUSTRIEL (E. P. D. I.), 163, rue Saint-Maur, PARIS-XIe certifie que

M Dutronc Jacques
né le 28 Avril 1943
domicilié 67 rue de Provence
à Paris 9e

est inscrit aux Cours de cette École, et qu'il y est présent ce jour.

Paris, le 5 Octobre 1959

Vu

ÉCOLE PROFESSIONNELLE DE DESSIN INDUSTRIEL
E.P.D.I -8 OCT 1959 E.P.D.I
RECONNUE PAR L'ETAT
163 RUE ST MAUR PARIS XIE

Pour être valable ce certificat doit porter le cachet de l' E. P. D. I.

CHAPITRE XIV

ON FERME...

"Dans les années 70-80, dit un ancien mineur, on n'y comprenait plus rien. Un jour, on fermait, le lendemain on ouvrait. Un temps, on nous disait, le charbon c'est fini, pas rentable, choisissez entre la retraite ou la reconversion. Juste après, le pétrole à fait la culbute et on a embauché de nouveau à la mine. Mais les jeunes, ils voulaient plus y aller. Ils sont pas comme nous, ils croient pas tout ce qu'on leur raconte. Et puis, ce qu'ils aimaient dans la mine, c'était pas le charbon mais tous les avantages autour, une maison, des assurances. Moi, mon père, avec les accidents, la silicose, il m'avait interdit d'y aller. J'y suis allé quand même. Quand j'avais vingt ans, y avait pas de plus beau métier."

Depuis les années 60, la politique charbonnière française se décline en zigzag. Tandis que l'on ferme de grosses unités, des affichettes proclament, en Lorraine, que "Mineur, c'est encore un métier", et cherchent à attirer de jeunes recrues. La guerre de Kippour et la crise de l'énergie ont donné un coup de frein à la récession sans pour autant remettre en cause la politique de fermeture des puits. Difficile à comprendre, difficile à admettre pour les mineurs. L'interrogation est à son comble quand l'arrivée de la gauche au pouvoir, en 1981, s'accompagne d'une politique de relance du charbon au moment précis où la chute du baril le met virtuellement en faillite et où, à l'évidence, il ne peut pas concurrencer le charbon importé. Un rêve passe.

"Il ne fallait pas nous faire ce coup-là. Nous tombons de trop haut." Les deux chocs pétroliers ont redonné un instant espoir aux mineurs, mais l'échec du plan Mauroy de 1981 a montré les limites du pari. Les millions de tonnes de combustible qui sommeillent dans le sous-sol français ? Nul ne nie leur existence. Les besoins de la France en charbon ? Nul ne les conteste, même si dorénavant le pétrole a pris la pole position de la consommation

Dès la Libération, le charbon joue la carte de l'électricité. La compétence acquise par Charbonnages de France lui permet, en 1994, d'en devenir un producteur autonome et aujourd'hui d'alimenter EDF ainsi que de nombreuses industries. Entre-temps, les houillères ont dû s'équiper et construire des centrales. Depuis les années 50, les "réfrigérants" font désormais partie du paysage minier.

énergétique. Mais l'extraire se résume désormais à une équation déficitaire : le coût moyen d'une tonne de charbon français oscille autour de 1 000 francs, quand une tonne importée d'Australie revient à 250 francs. Fin des illusions et mort d'une profession. "Continuer à exploiter une mine, cela représente une facture de quelque 350 millions de francs par an, pratiquement 1 million de francs par jour. C'est insupportable pour la collectivité", précise à l'époque un responsable.

DERNIÈRES BERLINES DANS LE NORD

En 1990, dans le Nord, la légende des "gueules noires" s'achève sur un symbole, la fermeture de la fosse 9 d'Oignies, qui fut aussi le premier site exploité dans le Pas-de-Calais. Dernière remonte, par 810 mètres de fond. Dernière berline et dernières gaillettes. Dernier rituel de la *salle des pendus**, ce vestiaire en hauteur... Dernière douche, côte à côte, dans la salle d'eau commune carrelée en blanc, pommeaux en batterie. Dernière grève, celle du silence et de l'émotion contenue. "La mine, c'est cruel, mais jamais elle ne nous a fait autant de mal qu'aujourd'hui. Je suis fils et petit-fils de mineur. Mes sept frères ont tous été mineurs. Mon père est mort silicosé à 100 p. 100. Si je pleure, c'est sur les souvenirs d'une vie. Fermer Oignies. Enterrer le

La mécanisation et la modernisation des installations ont rendu une partie des tâches moins fatigantes. Elles ont en revanche créé de nouvelles nuisances, notamment sonores. C'est le cas pour les ouvriers au "rocher", dont la vitesse d'avancement est désormais de quatre mètres par jour contre un mètre avant guerre. C'est le cas dans les nouveaux chantiers d'abattage avec la haveuse Electra 2000. Ici, dans l'unité d'exploitation de La Houve.

Par le passé, "boiser", c'était consolider la taille au fur et à mesure de l'abattage, au moyen de rondins de bois coupés à la longueur voulue. Vinrent ensuite les étais métalliques, puis les étançons hydrauliques qui pèsent chacun entre 50 kg et 80 kg. L'ensemble est ensuite actionné par des "ripeurs" à partir de manettes hydrauliques. Le "soutènement marchant" pèse au total 18 tonnes.

charbon. C'est comme accompagner un être cher à la mort", commente un des deux cent cinquante mineurs qui ce jour-là enterrent simultanément leur fosse, leurs illusions et leur jeunesse. Cette mort confirmée, toutes les larmes des mineurs n'y pourront rien changer...

PRIORITÉ À L'HOMME

1994 : le Pacte charbonnier avalise cette fois officiellement un déficit annuel de 6 milliards de francs, et la fin du charbon français. La décision, comme la date butoir de 2005, a été prise avec

l'accord de tous les syndicats, exception faite de la CGT, et c'est ensemble que les partenaires sociaux ont décidé avec la direction de ses modalités d'application. Priorité est donnée à l'homme. Ici, pas de plan social mais un flux des départs modulé au cas par cas, dans le cadre d'un volontariat. Traduisez, pour le mineur, la possibilité de partir en préretraite avec 80 p. 100 de son salaire, à l'âge de quarante-cinq ans, après vingt-cinq ans de carrière.

PROVENCE OU LORRAINE ?

5 décembre 1997, Forbach, puits Simon, veine Wohlwerth. Ce chantier de l'Est mosellan, équipé d'une haveuse à deux tambours et de 182 piles de soutènement, a vu, tout au long de son histoire, sortir 100 millions de tonnes de charbon. Son modernisme n'est pas en cause, et pas plus ses conditions de sécurité, puisqu'il dispose d'innovations techniques récentes et remarquables pour améliorer le travail. Pourtant, il vit ses derniers instants et tout à l'heure, il va fermer parce que côté humain, justement, il se prête désormais aux meilleures conditions prévues par le Pacte charbonnier.

La cérémonie est retransmise au jour sur grand écran pour un public venu en nombre rendre un dernier hommage à ses "gueules noires". Voilà le skip qui démarre, dernière remonte, dernière cage ; le dernier wagonnet qui apparaît manœuvré par deux *abouts**, Claude Groo et Jean-Claude Dautel ; la dernière cordée, une équipe où sont représentés tous les métiers de la mine, les dernières gaillettes qui brillent de mille feux, et les ovations qui éclatent, et les hommes qui ont les larmes aux yeux. Fin de partie pour Forbach ou répétition générale pour 2005 ?

Un peu de prospective, donc. Quelle sera la dernière mine française à fermer ? En Provence, ou en Lorraine ? Et quand ? Précisément, on ne le sait pas encore. Si c'est à Gardanne, à 20 kilomètres au nord de Marseille, une unité entièrement automatisée depuis 1960, la cérémonie aura ce petit côté provençal et ensoleillé qui se heurte, dans l'imaginaire collectif, à l'image du charbon mais estompe, quand vient le moment de la séparation, bien des tristesses. "Tant qu'à fermer, on aimerait bien être les derniers à le faire, dit-on par là-bas. Ce serait reconnaître d'une certaine façon ce formidable outil."

Si c'est en Moselle, la "der des ders" aura pour cadre ce paysage doucement vallonné, cette vraie campagne où des fermettes émergent au bout des champs, où les terrils ont toujours disparu derrière les bouquets d'arbres, où

Cuvelette, connu pour ses "charbons gras", avait été foncé en 1928. Il avait été modernisé à la Libération après un coup de grisou qui, en 1941, avait fait un mort et d'importants dégâts matériels. C'était en Moselle un puits mythique, auquel les mineurs avaient dédié une chanson : "Sur les bords de la Merle, Cuvelette en est la perle."

les cités ouvrières ont à peine modifié le caractère rural de la région. "Quand je sortais du poste du matin, je m'occupais l'après-midi de mon jardin. Je faisais mes légumes et mon petit élevage. En été, c'était formidable. Avec les camarades, on jouait au foot, et en septembre, on allait aux champignons", se souvient un ancien mineur de Merlebach. "Mineur-paysan", précise-t-il. Dans la région, on tient depuis toujours à cette appellation.

Provence ou Moselle, alors ? La décision dépendra des effectifs disponibles et des problèmes posés par la mise en sécurité des sites, qui peut selon le cas prendre plusieurs mois ou plusieurs années. Où et quand ? Il est donc encore trop tôt pour répondre à cette question. Quoi qu'il en soit, un jour viendra, il n'est pas loin, où sur le carreau plus personne ne prononcera la phrase rituelle du matin "Allez les gars, une journée de plus".

Descente, remonte : une journée ordinaire à Reumaux, un des derniers sièges en exploitation dans l'Est de la France. C'est désormais en pantalon de toile, en tee-shirt et chaussés de bottes en caoutchouc que travaillent ces mineurs lorrains. Ils sont parmi les derniers à exercer ce métier qui n'existera plus, en France, en 2005.

REUMAUX
REUMAUX

MARCHE
TELESIEGE

Dernière image d'une mine aujourd'hui. Ce sont désormais des monorails suspendus, sortes de télésièges qui, au fond, assurent le transport des mineurs.

ET MAINTENANT…

Arrêter de produire du charbon, fermer les puits, ce n'est pas simplement mettre la clef sous la porte. Sécurité, le maître mot de la mine, s'applique aussi à la procédure d'arrêt pour éviter les affaissements de sol, les émanations de gaz et les remontées d'eau, pour préserver dans un premier temps l'équilibre écologique, pour reconstruire à terme l'environnement, pour accueillir enfin les nouveaux partenaires de l'après charbon, toutes opérations inscrites au Pacte charbonnier. Ce sont les derniers mineurs, dont le savoir-faire n'est plus à démontrer, qui seront ainsi chargés d'ennoyer les galeries, de maintenir un aérage, de capter le grisou, de rendre les lieux conformes à ce nouveau cahier des charges. "Avant de partir, on va faire le ménage et remonter le matériel qui peut être utilisé ailleurs", disent-ils, presque heureux de cette dernière mission.

À la surface, une mine qui ne tourne pas constitue évidemment un danger. Pour le limiter, il faut combler les puits, longue opération qui peut nécessiter plusieurs mois, voire plusieurs années, et qui consiste à les remplir de schistes et de cendres sur lesquelles on coule une dalle de béton. Les kilomètres de galeries désaffectées, mais solidement étayées lors de l'exploitation ? On les laisse en l'état. "C'est un risque parfaitement maîtrisé", dit-on à Charbonnages de France. Après, il faut rétablir un paysage et respecter un environnement. On arase ou on creuse. On plante des arbres ou on aménage un plan d'eau. On libère parfois l'espace pour l'aménagement de nouvelles zones industrielles, certains sièges enfin deviennent des musées miniers comme à Lewarde dans le Pas-de-Calais, à Blanzy ou à Saint-Étienne dans le Centre-Midi, au carreau Wendel ou à Cuvelette en Lorraine. Là encore, ce sont d'anciens mineurs qui assurent les visites et prennent, à l'évidence, un vrai plaisir à raconter dans le détail leur ancien métier, à faire admirer ces magnifiques machines d'extraction, monstres de ferraille que ne renieraient pas certains amateurs d'art contemporain. À savoir tout de même : celle de l'ancien siège de Oignies atteint les 4 000 chevaux vapeur, c'est dire son importance.

Pour l'anecdote, enfin : on conserve au titre du patrimoine et de la couleur locale certains terrils, énormes cônes désormais sécurisés comme le sont certaines dunes dans les Landes. Parce qu'ils continuent à dégager une certaine chaleur due à la combustion des particules de charbon, les essences méditerranéennes y trouvent, même dans le nord de la France, un terrain d'élection. À quand l'olivier, symbole de la mine ?

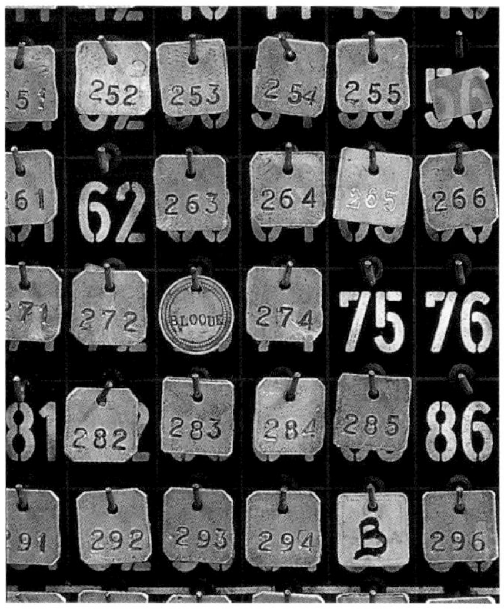

5 heures du matin, passage au bureau des plaques où le mineur reçoit son jeton numéroté, passage salle des "pendus" pour accrocher ses vêtements de ville et passer ses vêtements de travail, passage à la lampisterie : c'est aujourd'hui, à Merlebach, un début de journée ordinaire au poste du matin. Depuis que l'on exploite le charbon, hormis la tenue et les outils, rien n'a changé dans le rituel du mineur.

Une image symbolique, la dernière de Forbach, puits Simon, quand, en décembre 1997, une cordée représentant les métiers du fond et du jour pousse la dernière berline de charbon extrait de la veine Wohlwerth. L'instant est historique : après la fermeture du bassin du Nord et du Pas-de-Calais en 1990, voici que s'amorce celle des Houillères de Lorraine.

Puits Freyming, à Merlebach. Foncé en 1905, toujours en activité, il est équipé en 1950 d'un chevalement métallique, une " belle de fer " qui, comme souvent en Lorraine, s'élève au milieu d'un bouquet d'arbres. Pour mémoire : le chevalement, autrefois en bois, parfois en maçonnerie, supporte la machine d'extraction et les grandes roues qui guident les câbles dans le puits.

AUPRÈS DE MA "BELLE"

La fosse ? C'est au départ un trou de 4 à 7 mètres de diamètre qui s'enfonce dans le sol sur plusieurs centaines de mètres, et parfois au-delà du kilomètre. Autour, le carreau s'est constitué, ensemble d'installations de surface dominées par le chevalement, la "belle", comme l'appellent encore avec tendresse les mineurs.

Depuis 1945, plus de poutrelles d'acier, plus de grandes roues à découvert, ce sont d'énormes tours de béton aveugles qui les ont remplacées. Avec elles et l'incontournable centrale thermique qui lui est désormais accolée, c'est toute la physionomie du pays noir qui a changé. Ces chevalements de béton, énormes machines nées de la contrainte industrielle, nul ne les regrette quand il faut les abattre, quand on ferme les puits, quand on rétablit le paysage et l'environnement, comme on le fera encore jusqu'après 2005.

Les "belles de fer" ? C'est une autre affaire qui tient au cœur des mineurs, à leur histoire et sans doute à leur nostalgie ? Pour la sécurité des lieux, il faut néanmoins les démonter avec l'espoir de les revendre, en pièces détachées, comme on le fait déjà en direction de pays comme la Pologne ou la Chine. Certaines échappent à la démolition pour s'inscrire, comme à Lewarde ou à Blanzy, dans le cadre d'un musée minier. D'autres enfin sont classées au patrimoine, avec un avenir incertain qui dépend d'un projet régional assorti d'un coût souvent prohibitif. Les garder toutes ? Malgré les associations d'anciens mineurs qui le souhaiteraient, la perspective d'une reconversion industrielle des anciens sites s'y oppose. Des cas particuliers se présentent pourtant. En Lorraine, un fabricant de pain industriel s'est porté acquéreur d'une belle de fer, avec l'idée de la transformer en restaurant panoramique. Mais en aura-t-il les moyens ?

LA MINE ? UN NOUVEAU FILON

Un immense trou de plusieurs milliers d'hectares sur quelques centaines de mètres d'inclinaison, on appelle ça une "découverte", et c'est aussi une mine. Une autre façon d'extraire le charbon sans aller le chercher dans les profondeurs de la terre, mais en soulevant les couches superficielles où il affleure. Les premiers "charbonniers" ne faisaient pas autre chose.

Les découvertes représentent aujourd'hui 40 p. 100 de la production de l'ex-URSS, 60 p. 100 de celle des États-Unis, 90 p. 100 de celle du Canada. Les plus importantes d'entre elles se situent en Colombie, au Venezuela et surtout en Chine, le plus grand producteur et le plus grand consommateur de charbon au monde. Le plus grand employeur, aussi, puisque ce sont sept millions de Chinois qui extraient le charbon de quatre-vingt mille mines réparties dans vingt-huit provinces.

En France, le Centre-Midi, par sa configuration géologique, s'était fait depuis 1832 le champion de l'extraction en découvertes. Exploitées au départ avec des moyens primitifs, celles de Firmy, de Combes et de Serons s'étaient peu à peu équipées de petites locomotives, de pelles mécaniques et électriques, puis, au moment du plan Marshall, de tout un impressionnant matériel de travaux publics. À Decazeville, des abattages successifs avaient ainsi creusé, depuis 1893, une sorte de cirque lunaire où l'on attaquait désormais le charbon à la lumière des projecteurs. Elle fut l'une des premières à fermer.

Exploitée selon le même schéma, Sainte-Marie, la découverte de Carmaux, vient quant à elle de trouver un *happy end* inespéré pour une aventure plutôt rocambolesque. Rappelez-vous : alors que l'exploitation du fond est condamnée à fermer, la découverte de Carmaux vient, en 1989, la remplacer dans le cadre d'une relance conjoncturelle. Mais en attendant, quel chantier ! Pour aménager cet énorme trou de 600 hectares, à cheval sur les communes de Carmaux, Blaye et Le Garric, il faut remuer 300 millions de mètres cubes de terre et de rocaille, plus que pour la construction du barrage d'Assouan, puis stocker sur plusieurs kilomètres cette incroyable masse de rocher. Les mineurs se font terrassiers, les paysans manifestent leur mécontentement parce que, dans l'opération, ce sont vingt exploitations agricoles qui disparaissent et vingt autres que l'on morcelle. Mais à terme, on préserve cinq cent soixante emplois miniers sur les mille huit cents qu'employait le fond. "C'est ça ou rien", déclarent à l'époque les élus locaux. "Certains hourras et cocoricos semblent parfaitement déplacés", prévoient les syndicats.

30 juin 1997, Sainte-Marie, la grande découverte de Carmaux, vient de traiter, comme tous les jours depuis son ouverture, huit ans plus tôt, 980 tonnes de charbon. Après l'opération, les verrous de sécurité et la vidange des circuits se sont automatiquement déclenchés. Une journée ordinaire ? Pas vraiment : Sainte-Marie vient de cesser pour toujours son activité et tourne une page d'histoire locale dans laquelle la mine a toujours été en filigrane. Que s'est-il passé, alors que, on le sait, le charbon reste en Europe la deuxième source d'énergie après le pétrole ? Une affaire de gros sous, un bilan économique catastrophique : le minerai extrait revenait à 1 800 francs la tonne pour être revendu 263 francs. En cet après-midi d'été, c'en est fini d'un déficit qu'on évalue à 300 000 francs par mineur et par an. La Dépêche du Midi titre "Ça fait mal au cœur". "La fin d'une époque", commente Europe 1.

Après avoir creusé un énorme trou, les deux cent quarante-sept derniers mineurs de Carmaux vont donc désormais faire exactement l'inverse : combler les vides, rectifier les pentes, stabiliser l'ensemble pour éviter les éboulements, réhabiliter cet immense cratère qui pourrait contenir la Tour Eiffel et son esplanade. Aujourd'hui, c'en est fini. Demain ? Cette poignée d'hommes, les dernières gueules noires de la région, attaqueront un nouveau filon. Sainte-Marie, rebaptisée Cap-découverte devient un complexe multiloisirs, axé sur la glisse. La mine ? Elle est au programme, avec un projet de musée géré par six anciens mineurs. "Au moins, comme ça, disent-ils, on n'aura pas l'impression d'être devenus des bons à rien."

Où et quand précisément se terminera l'aventure du charbon français ? Début ou fin de l'année 2005 ? À La Houve, en Lorraine, ou à Gardanne, en Provence ? Nul ne le sait encore, mais chacun s'y prépare. Ils sont encore, en France, trois mille mineurs à travailler au fond et deux cent quarante mille anciens, aujourd'hui retraités, qui appréhendent ce moment. La fin d'une épopée. Le début de la nostalgie.

LEXIQUE

A

Abattage : action d'arracher le charbon au massif.
About (ouvrier d'about, porion d'about…) : spécialiste du puits, de son creusement et de son entretien. *Accrochage :* palier où les galeries du fond rejoignent le puits principal et où est déversé le charbon.
Aérage : système de ventilation destiné à évacuer l'air vicié des chantiers du fond ainsi que les gaz inflammables, dont le grisou.
Ajouqué (Nord) : assis sur ses talons.
Albraques : galeries de décantation des eaux de mine.
Anschläger (Est) : voir *Moulineur.*
Aqueter (Nord) : tenir une berline sur une pente avec un bois.
Arland (Nord) : mauvais ouvrier.
Arlouter (Nord) : travailler énergiquement.
Arrêt-barrage : dispositif de sécurité anti-incendie. Au départ, une planche supportant des poussières incombustibles, plus tard, un bac en plastique rempli d'eau qui explose sous l'effet du souffle.
Asniqué (Nord) : blessé.
Astiquette : lampe à huile des mines du Nord-Pas-de-Calais fixée autrefois sur la *Barrette.*
Avaler (ou ravaler) : foncer un nouveau puits.
Avaleresse (Nord) : nouveau puits en fonçage.
Avée : voir *Havée.*

B

Bahotte : refuge dans les galeries.
Baritel (ou bourriquet) : sorte de manège d'extraction utilisé autrefois.
Baraque : bâtiment de surface. S'appelait aussi le *Chauffoir* et servait de vestiaire.
Barrette : chapeau à larges bords, en cuir bouilli, qui au XVIIIe siècle servait de protection aux mineurs. Il était traversé de part en part par un porte-lumière, c'est-à-dire une pointe métallique traversée par un petit chandelier, remplacé plus tard par une lampe à huile. Le terme désigne aujourd'hui le casque du mineur.
Batteroulle : barre de mine destinée à forer les trous qui recevront la poudre.
Béguin : petite calotte en toile bleue que l'on portait sous la *Barrette.*
Berline : wagonnet ou benne roulante servant au transport du charbon dans les galeries.
Beurcq : petit puits secondaire.
Biner (Nord) : à l'origine, s'employait pour les prêtres qui disaient deux fois la messe dans une journée. Dans le langage minier : faire un double poste.
Boisage : pose de soutènement.
Bougnou (ou puisard) : fond du puits où sont collectées les eaux de ruissellement.
Boutefeu (Schiessmann dans l'Est) : ouvrier qui manie les explosifs.
Boutlot (Nord) : Gourde.
Bowette (Richtstrecke dans l'Est) : galerie principale dite aussi *à travers bancs.*
Briquet : pause casse-croûte. S'appelle la *Portion* dans le Midi.
Buquage : tir d'une volée de mine.
Bure (ou beurtiat) : puits vertical secondaire servant à la descente des mineurs.

C

Caffus : sobriquet donné aux jeunes femmes qui, autrefois, travaillaient à la mine.
Cage : benne servant à descendre et à monter les ouvriers.
Callin (ou Calin ou Plancheux) : surveillant de roulage. C'est aussi l'homme à tout faire du chef porion.
Canar (ou Buse) : tuyau d'aérage.
Carin : dans les corons du Nord, abri de jardin qui sert à la fois de remise à outils et de clapier.
Carotte : échantillon recueilli au cours d'un sondage.
Carreau : ensemble des installations de jour.
Chabot : sabot de frein.
Chapeau : poutre transversale posée par le boiseur.
Chargeur (à l'accrochage) : à l'origine, ouvrier chargé de transvaser dans des tonneaux et de remonter le charbon déposé à même le sol par les *herscheurs.*
Chef de coupe : adjoint du porion.
Chevalement : au-dessus du puits, structure en bois,

en métal ou en béton, soutenant la poulie qui entraîne le câble et la cage.
Cheminée : galerie inclinée ménagée sur l'emplacement d'une ancienne veine et servant désormais à l'aérage ou au passage des ouvriers.
Clapeuse (Centre-Midi) : à l'origine, femme bavarde. Dans le langage minier surnom donné dans la région de Saint-Étienne aux ouvrières.
Cloche : poche à grisou.
Coke : combustible solide obtenu à partir du charbon.
Comble : rondin de mine, coupé à la longueur utile avant d'être descendu.
Coron : groupe d'habitations constitué de maisons identiques, accolées et disposées en ligne.
Coulonneux (Nord) : colombophile.
Coupe (ou Taille) : production de la journée d'un chantier.
Coupe à carbon : équipe du matin chargée de l'extraction.
Coupe à terre : équipe de fin de journée chargée de l'entretien des chantiers du fond.
Coupeur de mur : ouvrier chargé d'établir des galeries pour permettre le passage des berlines.
Crapaud : contrepoids.
Cuffat : baquet en chêne, suspendu à un gros cordage et déplacé par des chevaux, qui permettait le transport des hommes et du charbon.
Culle (Nord) : chemise.
Cuvelage : sorte de tube étanche qui permet de traverser les nappes aquifères pour atteindre les couches profondes de charbon.
Cuvelle : grand baquet en bois qui, au XIXe siècle, servait à la toilette du mineur.

D

Déhouillage : abattage du charbon.
Délavage : chute intempestive d'un pan de charbon.
Dressants : veine ayant une pente proche de la verticale.

E

Épotré (Nord) : écrasé.
Erscheur (ou herscheur) : Au XIXe siècle, ouvrier chargé d'évacuer le charbon abattu.
Escaillage (ou escaillache) : charbon de mauvaise qualité, encore très pierreux, donné à chaque famille de mineurs pour son usage personnel.
Esclitte (ou traîneau de herche) : petit traîneau surmonté d'une cuve en bois, tiré autrefois par le *herscheur*.
Escoffié (Nord) : tué.
Escoupe : pelle.
Espiller : émousser un pic.
Estacade : rampe de chargement.
Estoupée : barrière étanche faisant office de coupe-feu.
Etançons : soutènements métalliques.
Exhaure : tout système permettant de remonter les eaux du fond.

F

Feniesse : porte d'aérage.
Flout (Nord) : plaques de boue amoncelées dans les galeries.
Flöz (Est) : voir *Veine*.
Fonçage : opération qui consiste à creuser un puits.
Fosse : puits d'une exploitation minière.
Front de taille : zone où se trouve le charbon à abattre.

G

Gaillette (ou gayette) : gros morceau de charbon.
Galibot (Nord) : apprenti mineur. Appelé *Mendit* en Provence.
Gouverneur (Loire) : voir *Porion.*
Grisou : gaz inflammable, essentiellement composé de méthane, contenu dans le charbon.

H

Hangende (Est) : voir *Toit.*
Hauer (Est) : voir *Piqueur.*
Havage : opération qui consiste à saper la base de la veine à exploiter.
Havée (ou Avée) : largeur qu'attaque la *haveuse.*
Haveuse (Schrammaschine dans l'Est) : à l'origine, sorte de très grosse tronçonneuse à bois. Aujourd'hui, énorme machine à tambour dont les dents arrachent le charbon.
Housettes : bottes en toile destinées à protéger des brûlures les pieds des mineurs.

J

Jupon (Nord) : Blouse de toile maintenue à la taille par un lien de cuir.

K

Kaplampe (Est) : lampe à chapeau.

L

Loques ed'fosse (Nord) : les vêtements de travail du mineur.

M

Machineur (ou machiniste) : Il s'agissait autrefois d'un simple mécanicien. Aujourd'hui, le mot désigne l'ouvrier qui assure la manœuvre de la cage.
Maître-mineur (Midi) : voir *Porion.*
Maître-ouvrier : responsable de la coupe à terre.
Maître-porion (*ou chef porion) :* agent de maîtrise.
Mendit (Midi) : voir *Galibot.*
Meurtiat : mur en cailloux.
Mineur : étymologiquement, "celui qui fait parler la poudre".
Molette : grosse poulie placée au sommet du chevalement.
Moulineur ou molineur (Anschläger dans l'Est) : à l'origine, l'ouvrier chargé de vider au jour les berlines de charbon sorties du puits. Aujourd'hui, celui qui décage les hommes et le matériel.
Montée : galerie d'une dizaine de mètres montant dans la veine.

N

Noireux (Nord) : passées de schistes charbonneux.

P

Pannier (ou Panier ou Pannière) : nom généralement donné aux cuves de charbon. À l'origine, il s'agissait de hottes en osier.
Pendage : inclinaison des couches.
Pic : outil utilisé pour abattre le charbon.
Pic à terres : outil lourd et trapu utilisé pour travailler au rocher ou au fonçage des puits.
Picron : pointe servant de support à la chandelle, portée au chapeau ou plantée dans le boisage.
Piqueur (Hauer dans l'Est) : ouvrier qui abat le charbon.
Plancheux (Nord) : ouvrier chargé de la pose de voies ferrées.
Plateures : gisement dont le pendage ne dépasse pas 25 degrés.
Pompe à feu : machine à vapeur pour l'extraction des eaux stagnantes.
Porion : contremaître. Dans le Midi, on parle de *maître-mineur*. Dans la Loire, de *gouverneur.* Dans l'Est, de *Steiger.* Voir aussi *: maître-porion.*
Porte-lumière : au XVIIIe siècle, pointe métallique traversée par un petit chandelier porté au chapeau.
Portion (Midi) : voir *Briquet.*
Poste (Schicht dans l'Est) : journée de travail du mineur.
Potiat (ou Potelle) : trou destiné à recevoir la pointe du bois de soutènement.
Puteux : divers gaz, malodorants et dangereux, qui stagnent au fond en cas de mauvais aérage, gaz carbonique, hydrogène sulfuré…

Q

Quercheu (Nord) : ouvrier âgé.
Quernet (ou Kernet) : rigole creusée dans le sol d'une galerie pour l'écoulement des eaux.
Quinzaine (Nord) : salaire.

R

Raccommodeux (ou Raccommodeur) : ouvrier chargé de l'entretien des bois.
Rafronquir : boiser le toit de la veine le long du front de taille.
Ramasseur de gros : ouvrier employé en surface pour ramasser sur le terril le gros charbon qui sera vendu à part.
Raucheur : ouvrier chargé de rehausser le toit des galeries.
Ravaler : à l'origine faire un raval, c'est-à-dire approfondit le puits d'un étage ou deux. Dans le langage courant, occuper les ouvriers à tour de rôle, lors de ralentissements de production.
Rave : lampe à huile du bassin de Saint-Étienne. Le bouchon figurait un coq gaulois.
Remblayeur : ouvrier chargé de combler avec de la terre ou du sable les vides laissés par l'exploitation du charbon.
Restaplage (Nord) : remblayage ; *Restapleur* : remblayeur.
Restaplé : ouvrier enseveli.
Richtstrecke (Est) : voir *Bowette.*
Rivelaine : pic à manche court et à deux pointes.
Rouchi : patois du Hainaut français et plus particulièrement du Valenciennois.
Rouffion (Midi) : mineur non gréviste.
Roulage : transport du charbon au fond de la mine.

S

Salle des pendus : vestiaire en hauteur (jusqu'à 20 mètres de haut) où, tour à tour, le mineur suspend au bout de cordes passant par des poulies, ses vêtements de ville et ses vêtements de travail.
Sainte-Barbe : la patronne des mineurs.

Schicht (Est) : voir *Poste.*
Schiessmann (Est) : voir *Boutefeu.*
Schrammaschine (Est) : voir *Haveuse.*
Semi-dressants : veines dont le pendage s'élève de 25 degrés à 45 degrés.
Skip : cage spécialement conçue pour le transport du charbon du fond au jour.
Steiger (Est) : voir *Porion.*
Stériles : produits abattus non combustibles mis en terril.
Stoss (Est) : zone d'abattage du charbon.
Strecke (Est) : voir *Voie.*

T

Taille : zone d'abattage du charbon.
Terril (ou Terri ou Cavalier) : talus coniques ou plats formés en surface par les stériles.
Tierme (ou Thierme) : à l'origine, distance sur laquelle un *herscheur* devait traîner son *esclitte.* Aujourd'hui, une double voie qui permet aux trains de se croiser.
Tiseur : ouvrier chargé d'entretenir le feu d'un conduit d'aérage ou d'une chaudière à vapeur.
Toit (Hangende dans l'Est) : terrain situé juste au-dessus de la veine.
Toque-feu : l'ancêtre du ventilateur. Il s'agissait d'un feu que les mineurs allumaient à la base d'un second puits pour générer un appel d'air.
Touret : second puits creusé pour l'aérage.
Tourteur : ouvrier chargé au XIXe siècle de remonter les *panniers* de charbon, au XXe d'actionner les treuils de remonte.
Tout-venant : mélange de stériles et de charbon.
Travers-bancs : galeries qui traversent des roches autres que le charbon.
Trayen : partie d'une galerie parcourue par les *herscheurs.*

V

Veine (Flöz dans l'Est) : terme général pour désigner la couche de charbon.
Voie (Strecke) : nom donné aux galeries creusées dans le charbon pour les différencier de celles creusées dans le rocher.
Volée : ensemble de trous de mine chargés et tirés en même temps.

W

Wettermann (Est) : préposé à l'aérage.

TABLE

Crédits photos :

Charbonnages de France

Jean-Philippe Mesguen, collection personnelle
(Couverture, pages de garde, pages 144-145)

REMERCIEMENTS

Martine Benedic, Pierre Berte, Jean-Paul Bèzes, Patrick Bouzenot, Jean-Claude Brossard, Agnès Carlier, Anne-Marie Couderc, Sabine Dequin, Jean Drouard, André Dubuc, Jean Daguerre, Michel Doligez, Claude Dryburgh, Jean-Luc Egloff, Séverine Fedelich, Joël Fouache, Jean-Pierre Guidez, Ben Hanouda, Francis Hauguel, Alain Jeanne, Bernard Juily, Armand Karas, Andrej Kowalski, Thibault Leclerc, Fabienne Longeville, Jean-Jacques Maupetit, Nicolle Michel, Jean-Yves Murray, Alfred Olszak, Paul Quilès, Jean-Pierre Racle, Jean-Marc Rohr, Raymond Romteau, Jean Runel, Claudette Smit, Karine Sprimont, Stéphane Stonczewski, Pierre Tchernia Jacques Urek, Jean-Luc Valin, Carmen Weber, Richard Wojnarowski.

Ainsi qu'à Charbonnages de France (CdF),
aux Houillères du Bassin de Lorraine (HBL),
aux Houillères de Bassin du Centre et du Midi (HBCM),
à l'Agence nationale de gestion des retraités (ANGR),
à l'Amichar, à l'Anirim, à Arc-en-Ciel, à CdF Actualités, à Cap-découverte (Carmaux),
aux Centres historiques miniers de Lewarde et de Blanzy, à la Société de l'industrie minérale.

Et tout particulièrement à Philippe de Ladoucette et Anne Monteil.

Achevé d'imprimer en octobre 2001 par G. Canale (Turin).
N° d'éditeur : 13220/01
Dépôt légal : novembre 2001
Conception et réalisation graphiques : Label LN

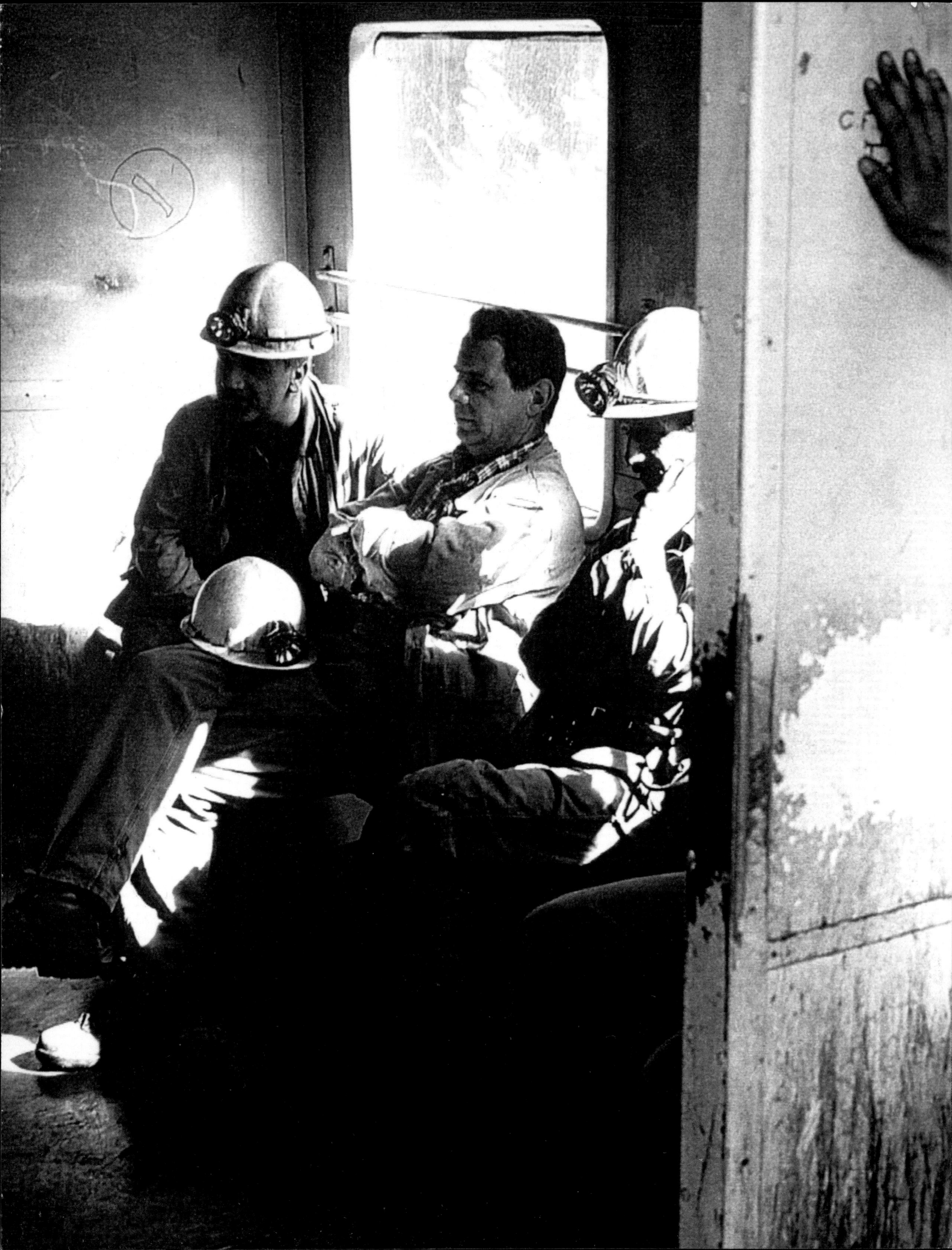